艺术体育
高校学术研究论著丛刊

体育旅游资源的整合与发展研究

郭坚 著

中国书籍出版社
China Book Press

图书在版编目（CIP）数据

体育旅游资源的整合与发展研究 / 郭坚著 . -- 北京：中国书籍出版社，2019.11

ISBN 978-7-5068-7514-1

Ⅰ. ①体… Ⅱ. ①郭… Ⅲ. ①体育 – 旅游资源开发 – 研究 – 中国 Ⅳ. ① F592.3

中国版本图书馆 CIP 数据核字（2019）第 249988 号

体育旅游资源的整合与发展研究

郭 坚 著

丛书策划	谭 鹏 武 斌
责任编辑	成晓春
责任印制	孙马飞 马 芝
封面设计	东方美迪
出版发行	中国书籍出版社
地 址	北京市丰台区三路居路 97 号（邮编：100073）
电 话	（010）52257143（总编室） （010）52257140（发行部）
电子邮箱	eo@chinabp.com.cn
经 销	全国新华书店
印 刷	三河市铭浩彩色印装有限公司
开 本	710 毫米 × 1000 毫米 1/16
印 张	13.5
字 数	255 千字
版 次	2021 年 4 月第 1 版 2021 年 4 月第 1 次印刷
书 号	ISBN 978-7-5068-7514-1
定 价	76.00 元

版权所有 翻印必究

目 录

第一章 体育旅游及其发展概况 ………………………………… 1
第一节 体育旅游的基本理论 ………………………………… 1
第二节 体育旅游的发展历程 ………………………………… 7
第三节 国内外体育旅游的发展状况 ………………………… 13
第四节 体育旅游与生态环境的关系 ………………………… 17

第二章 体育旅游资源的开发与整合 …………………………… 23
第一节 体育旅游资源概述 …………………………………… 23
第二节 体育旅游资源的分布 ………………………………… 28
第三节 体育旅游资源的开发、利用与保护 ………………… 35
第四节 体育旅游资源的整合 ………………………………… 40

第三章 体育旅游资源的管理与可持续发展 …………………… 49
第一节 体育旅游资源管理与可持续发展的理论基础 ……… 49
第二节 体育旅游资源管理的实施 …………………………… 58
第三节 体育旅游资源的可持续发展 ………………………… 68

第四章 山地户外体育旅游资源整合与发展研究 ……………… 73
第一节 山地户外体育旅游的起源与发展 …………………… 73
第二节 山地户外体育旅游的基本理论 ……………………… 76
第三节 山地户外体育旅游的发展状况 ……………………… 80
第四节 我国山地户外体育旅游的典型资源整合 …………… 89

第五章 滨海体育旅游资源整合与发展研究 …………………… 108
第一节 滨海体育旅游的理论基础 …………………………… 108

第二节 滨海体育旅游的发展背景……………………… 111
   第三节 我国滨海体育旅游的发展状况解析……………… 119
   第四节 我国滨海体育旅游的典型资源整合……………… 125

第六章 其他体育旅游资源整合与发展研究……………… 140
   第一节 少数民族传统体育旅游资源整合与发展………… 140
   第二节 乡村体育旅游资源整合与发展…………………… 164
   第三节 高端体育旅游资源整合与发展…………………… 170

第七章 低碳体育旅游的理论基础与发展研究…………… 186
   第一节 低碳体育旅游的基础理论………………………… 186
   第二节 低碳体育旅游的发展意义………………………… 187
   第三节 我国低碳体育旅游的发展状况与对策…………… 190
   第四节 低碳体育旅游产业的发展状况…………………… 195
   第五节 我国低碳体育旅游的未来发展走向……………… 202

参考文献……………………………………………………… 205

第一章 体育旅游及其发展概况

体育旅游已经成为当前社会发展的一个重要方面,反映出人们逐渐由单纯地追求物质条件逐渐转变为对生活质量和更高层次的追求。另外,体育旅游的发展状况,不仅能够为其未来的发展提供必要的依据和背景支持,还能体现出生态文明建设的发展状况。本章主要对体育旅游的基本理论、发展历程,以及国内外体育旅游的发展状况、体育旅游与生态环境的关系进行阐述和解析,由此能够对体育旅游有更加深入和纵向的认识和理解,也为后面更加全面和系统的剖析提供支持和帮助。

第一节 体育旅游的基本理论

一、体育旅游的概念界定

关于体育旅游的概念,在很长的时间内都没有统一起来,几乎都是从不同角度来加以界定和理解的。这方面,国内外就存在着较大的差异性。

(一)国外学者对体育旅游的界定

关于国外学者对体育旅游的理解,下面对几种代表性的观点加以介绍。

美国学者莉莎等人对体育旅游的理解:体育旅游包括滑雪、舟桨运动、高尔夫、夏令营、挑战、野营以及探险等种类的旅游活动,应归纳为户外娱乐业的范畴。

长积(1996年)对体育旅游的理解为:"体育旅游,是指将参加体育活动或参观体育活动作为目的的人们,从暂时离开日常生活范围起,到返回日常生活范围止的这样一个活动。"

吉布森对体育旅游的理解为,其包括体育旅游、体育明星和怀旧旅游、体育旅游活动这几种类型。

Mike Weed等对体育旅游的概念界定为:"体育旅游是不同的人在特殊场所的相互交往过程中衍生的一种社会、经济和文化现象。"

(二)国内学者对体育旅游的理解

国内学者对体育旅游的理解,因为研究角度的不同而有所差别。具体如下:

1. 从社会学角度来理解体育旅游

体育旅游的主要目的是使旅游者的各种专项体育需求得到良好满足和适应。首先要具备充足的体育资源和一定的体育设施,在这样的前提下,通过旅游商品的形式,为旅游者在旅游过程中提供多方位的服务,所涉及的内容有健身、娱乐、休闲、交际等方面,这样就能使旅游者的身心得到和谐发展。同时,这种社会活动可以对社会物质文明和精神文明发展起到促进作用,而且还能使社会文化生活更加的丰富多彩。

体育旅游,顾名思义,就是体育与旅游两者相互交融产生的部分,因此,其能将体育的社会性与旅游的社会性特点体现出来。体育旅游属于社会体育的一个产业分支,也是旅游的重要组成部分,它是一种较为特殊的旅游活动。对于人类社会生活来说,体育旅游是较为新兴的一种运动,受到人们的普遍欢迎与青睐。

2. 从市场学角度来理解体育旅游

体育旅游,是指旅游者在旅游中所从事的各种与体育相关的活动或者某种关系的总和。具体来说,前者主要是指体育娱乐、健身竞技、康复、探险和观赏体育比赛等,后者则主要是指旅游地、旅游企业及社会之间关系。

对体育旅游的理解,可以从广义和狭义上进行。广义上的体育旅游市场,所指的内容有两个方面:一个是体育旅游商品在交换过程中的经济行为,一个是体育旅游商品在交换过程中的经济关系;而狭义上的体育旅游市场,所指的主要是体育旅游商品交换的场所。

根据对体育旅游的理解,可以将体育旅游产品定义为:在旅游过程中,能够为旅游者带来体育效用、旅游效用和满足其所需消费和服务的总和。

体育旅游是融体育、娱乐、探险、观光为一体的专业性旅游服务产业。

3. 从旅游学角度来理解体育旅游

理解一:作为一种旅游活动形式的体育旅游,其目的在于参与和观看体育运动,主要内容为体育。

理解二:体育旅游本身是一种旅游活动,其主要目的在于参加或观赏各类健身娱乐、体育竞技、体育交流等。

理解三:体育旅游本身是一种旅游活动,其主要目的是休闲度假、观光探险、健身娱乐,实施的条件为一定的自然环境,主要内容为体育项目。

由此可以看出,从不同角度出发,对体育旅游的理解是有所差别的。但是,在体育旅游的客观存在,认清体育旅游快速发展这方面是一致的。

总的来说,可把"体育旅游"的概念界定为:体育旅游是人们以旅行为形式,以体育为内容的休闲游玩活动。

二、体育旅游的结构

单从旅游的活动方式来分析可以得知,与体育和旅游结合最紧密的有"休闲"和"探险"。由此入手,可以对其中的结构关系进行进一步的探索和研究。

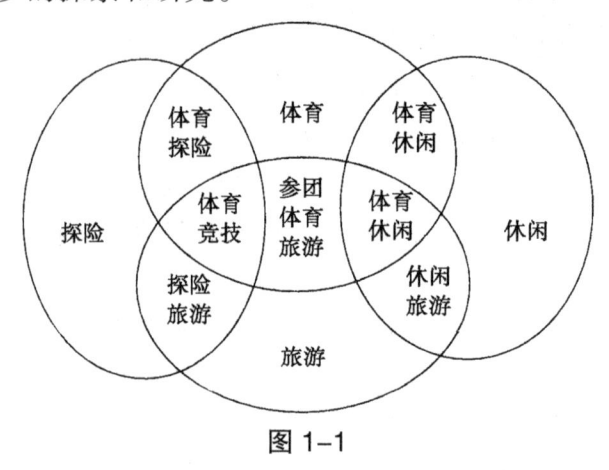

图 1-1

从图 1-1 中可以看到,体育与旅游结合形成体育旅游,在体育旅游与休闲和探险等元素相结合之后,原来的内容和形式就得到了进一步的丰富和扩充。其中,上图中心呈橄榄型状态的就是体育旅游,橄榄型的中间是参团体育旅游,其又分为观赏型体育旅游和参与性参团体育旅游。在上图中心橄榄型的两端,靠近休闲的这一端是体育休闲旅游;靠近探险这一端的是具有探险性质的体育活动项目,一般是指户外运动。

三、体育旅游的类型划分

任何事物的划分,都需要参照相应的划分标准进行,这里就通过对相关划分标准和由此所划分的类型对体育旅游加以阐述。

（一）体育旅游的类型划分标准

当前,对体育旅游进行类型划分所借助的标准主要有以下几个方面:

1. 体育旅游资源

按照这一划分标准,能将体育旅游划分为水上项目型、陆地项目型、空中项目型、冰雪项目型、海(沙)滩项目型等类型。

2.体育旅游目的

按照这一划分标准,可以将体育旅游分为观光型、休闲度假型、健身娱乐型、竞赛型、极限(挑战)型、拓展型等不同类型。

3.体育旅游者的参与行为

按照这一划分标准,可以将体育旅游划分为参与(体验)型、观赏型两种类型。

(二)体育旅游的主要类型

一般来说,体育旅游的主要类型见表1-1。每一种类型的体育旅游都有其各自的特点和代表性产品。

表1-1 体育旅游的主要类型

序号	类型	基本特点	代表性产品
1	观光型	注重审美体验,强调文化交流的重要性	体育遗址、体育建筑、体育雕塑
2	竞赛型	有较强的专业性	国际知名体育比赛
3	度假型	有着较强的参与性,能有效消除疲劳	滑雪、钓鱼、温泉
4	健身娱乐型	注重健身、体验、娱悦	健身娱乐场所
5	拓展型	有较为显著的刺激、惊险等特点	漂流、攀岩、溯溪
6	极限型	挑战极限、冒险	攀登高峰、高山速降

四、体育旅游的主要特点

体育旅游和其他事物一样,都有其相应的特点。

(一)回头率高

传统旅游,游客所注重的是景区景点的观光,通常时候,某一景区景点在被旅游者参观完之后,是不会在短时间内再去第二次的,有的甚至一辈子只去一次。而体育旅游与之不同,其参与者进行体育旅游是出于对某一活动有着特殊的爱好,有着反复参加此类活动的需要和冲动,因而回头率通常是比较高的。

(二)技能要求高

传统旅游,往往是通过旅行社的组团旅游进行的。现如今,自助游成为新时尚,因此,只要是旅游爱好者,都能参与传统旅游活动,对他们的技术技能没有要求。但是在体育旅游中,除观战类体育旅游外,都对参与者有较高要求,主要体现在身体素质和特定的技术技能方面。还有一些极限类的体育项目,对参与者的体能技能和专业技术要求都是非常高的,比如,冲浪、高山探险、攀岩和户外挑战赛等。从事体育旅游需要较强的专业知识或专业技能,这在参与者身体上的体现非常显著,同时,在相关专业人员和专业设备上也有所体现。

(三)风险性高

对于所有的体育运动项目来说,都或多或少存在着一定的风险,这就赋予了风险显著特点,比如,客观性、偶然性、损害性、不确定性和可变性等。在体育旅游中,有一些体育运动项目的风险性是比较高的,并且往往会有一些突发的、不可预期的危险出现,从而导致一定的事故发生,比如,徒步穿越、骑马、登山、滑雪、野营、自行车、自驾车、探险以及潜水、漂流、攀岩、速降等。因此,这就要求体育旅游活动一定要高度防范突发事故的发生。

(四)消费性高

传统旅游的消费性,主要体现在交通、景区门票等方面,而体育旅游与之相对比,所涉及的消费项就比较多了,比如,体育项目技术、技能的学习与掌握、相关专业设备的购置等。可以说,体育旅游所需的成本费用较高,目前属高消费活动。

（五）体验性强

传统旅游所注重的往往是景区的景色质量如何，对体验性有一定的要求，随着现代旅游业的不断发展，旅游消费者对"体验"的需求也会有所提升。在体育旅游中，旅游者要在欣赏美景的同时，参与到各种活动之中。因此，他们对体育旅游的体验性要求是双重的，尤其是在旅行活动中，能够获得健身、娱乐、休闲、交际等各种服务，使旅游者在参与中获得更多快感、享受和独特的体验，亲身感受体育旅游的魅力。

（六）地域性显著

传统旅游具有一定的地域性特点，同样的，体育旅游也有这一特点，且显著程度更甚。比如北方冬季的冰雪运动、沿海地区的海上运动、山区的登山运动和沙漠地区沙漠探险等。正是由于体育旅游爱好者们天生有求新、求异的心理需求，这促使他们会在一定的条件下跨越空间限制前往异地参与体育旅游活动。

第二节 体育旅游的发展历程

关于体育旅游的发展历程，可以根据其发展的阶段性特点，来将其大致分为三个阶段。具体如下：

一、旅行与体育活动阶段（19世纪以前）

19世纪以前，体育旅游处于最初的发展阶段。这一阶段又可以分为几个不同的发展时期，每个发展时期都有其各自的特点。

（一）原始社会早期人类的生存活动为体育旅游奠定基础

体育旅游活动本身的发展历史是非常悠久的,早在原始社会,体育旅游就开始萌芽产生了。对于人们来说,他们所进行的迁徙、狩猎、交换等活动,实际上也是全体成员都必须参与的一种综合运动。在原始社会早期,人类所有的活动都是为了更好地生存下去,是非常基础的需求。在这一过程中所进行的搭建洞穴窝棚,攀爬悬崖峭壁、跨越沟壑,制造和使用权棍、石刀、石斧等这些行为,都为今天的体育旅游奠定了良好的基础。可以说,当前体育旅游的发展就是建立在人们原始时期的生存方式的基础上的。

综合来说,这一发展时期的主要特点可以大致归纳为:人类的生存活动积累了丰富的野外经验,为今天的体育旅游项目的开展奠定了基础。

（二）人类最早的旅行需要借助体育方式

人类最早旅行的需要产生于社会大分工。社会分工有着重要的社会意义,这不仅能够使人们从事的工作更细致、更专业,而且随着原始社会在生产、生活上的逐步稳定,人们定居已经逐渐成为一种社会发展趋势。在这样的情况下,对生活资料和生产资料的需求,使得人们不得不用自己的产品去与其他地域其他部落的产品进行交换。

社会分工,使得不同产品交换的地域范围进一步扩大,商品交换的频繁程度也越来越高。但是,由于人们的外出活动往往会有较大的体力消耗,常见的如徒步或骑马,这点与体育旅游空间位置移动的方面是相适应的。这时的空间移动基本上可称作旅行,因为这种过程总是伴随着劳累与身心的损害,而不是带来愉悦的感受。

由此可以看出,这一发展时期人类最初的外出旅行实际上并不是真正意义上的消闲和度假活动,而是人们出于产品交换或经商的需要而促发产生的一种经济活动。需要强调的是，这些活动的进行必须要借助于一定的体育方式，这也就为今天的体育旅游发展提供了有益的借鉴。

（三）奴隶社会的旅行以观赏体育活动为主要内容

到了奴隶社会，社会经济有了一定的发展，并且趋于繁荣，除此之外，奴隶制国家还为了满足巩固统治的需要而进行基础设施建设，这些措施都从客观上为民间的旅行活动发展提供了便利的物质条件。

从斯巴达式的教育中，就可以看出这一时期统治阶级和贵族士大夫们的娱乐消遣方式，以及当时的消磨闲暇时间的社会发展趋势。也就是在这个时候，新型旅游方式开始产生，且这种旅游方式的主要目的在于休闲和愉悦，具体的内容和流程为离开自己的居住地到异地游览后返回居住地。

这一发展时期的主要特点是，参加者多为统治阶级及其附庸阶层，其消遣活动是不具有普遍的社会意义的。但是，这不能掩盖其活动的内容和消遣方式已与观赏体育活动有着非常密切的关系。

（四）封建社会的旅行发展为现代体育旅游提供借鉴

到了封建社会，旅行已经变得较为便利，因为有了畅通的道路、官方驿站和民间客栈的大肆兴建。可以说，封建社会时期，社会经济的发展和交通条件的改善为其旅行活动的扩大发展提供了必要的经济基础和便利条件。但是，即便如此，人们旅行所借助的方式也主要是徒步、骑马、驾车等，这也会大量耗费体力体能。这为我们现代体育旅游的发展提供了借鉴。

由此可以看出，体育旅游一开始就属于有闲阶级，成为统治阶级休闲消遣的方式。

二、旅游的发展与休闲消遣（近代时期）

到了19世纪初期，旅行的发展在很多方面都开始具有了今天意义上的旅游的特点。这一发展时期所表现出的特征主要有两个方面：一方面，是因消遣目的而外出观光或度假者在人数规模上已经超过了传统的生存移动和商务旅行；另一方面，是旅游服务业在旅游活动中的作用日益突出。

（一）近代旅游兴起的社会背景

1. 科技进步推动了新式交通工具的出现，也为较大范围、较远距离的旅游提供了可能性

工业革命的重要标志之一就是蒸汽机的发明，它的改进和应用使交通运输的动力问题得到妥善解决，对新的交通方式的产生起到积极的促进作用。随着蒸汽机的发明，火车和轮船成了人们外出旅行的主要交通工具。这些新的交通工具与古代的马车相比，运载能力大，旅行速度快，旅行费用低。借助交通工具的发展，体育旅游的空间范围也得到扩大。

2. 城市化进程的加快和工作性质、生活方式的改变使得旅游需求更加显著

工业革命使得城市化进程的速度进一步加快，机器化的大生产、流水线的作业方式、大规模的工厂生产，吸引了大量破产的农村人口流向城市，枯燥重复的单一性大机器工业劳动逐渐取代了原先那种随农时变化而忙闲有致的多样化农业劳动。这种生活方式的改变最终导致人们需要适时地逃避节奏紧张的城市生活和拥挤嘈杂的环境压力，以从中获得短暂的休息和调整的机会。这也在一定程度上对近代旅游的发展起到积极的促进作用。

（二）旅行社的问世与发展

工业革命带来了社会经济的繁荣，更多的人有能力并有旅游的愿望，然而，一些问题限制了他们的外出旅游，比如常见的缺乏对旅游地的了解、语言障碍、食宿条件不能事先确定等，因此，这就需要有人提供这方面的服务。英国人托马斯·库克（1808—1892）对这个问题有一定的理解，并开始设立相应的组织机构，这也使他成为旅游发展史上里程碑式的人物。

1845年，世界上第一家旅行社——托马斯·库克旅行社成立，其主要业务是旅游服务。1845年8月4日库克第一次组织消遣性的观光旅游团。并且编写了《利物浦之行手册》，这就是早期的旅游指南。可以说，库克开创了世界上组织出国包价旅游的先河。后来，近代旅游业就逐步产生了。

体育旅游的发展与近代旅游业的出现基本上是同步的。尤其是18世纪末期到19世纪末期，许多旅游组织在欧洲大陆出现。各种俱乐部的成立，向热爱登山、滑雪、野营、休闲观光的游客提供了各种服务，如此一来，人们体育旅游的新需求就得到了有效满足。

三、现代旅游的发展与健身娱乐（20世纪60年代至今）

20世纪60年代后，社会化大众旅游时代席卷了世界各地，促使旅游业迅速发展，并将旅游业在世界经济中的产业地位确定了下来。

（一）大众化旅游迅速发展的社会背景

首先需要强调的是，"二战"后世界经济的快速增长是大众化旅游迅速发展的一个根本原因所在。除此之外，大众化旅游的迅速发展还与以下几个方面因素有关：

1. 世界人口的迅速增加

世界人口基数的扩大为战后旅游人数的增加奠定了基础。

2. 城市化进程的加速

"二战"以后,世界城市化进程加快,全球范围内呈现出城市化的特点。城市居民,特别是工薪阶层,需要放松紧张的情绪和身体。在这样的社会背景下,度假旅游成为许多城市居民的理想选择。

3. 交通运输工具的进步

"二战"后,汽车和飞机也有了迅速的发展。汽车成为人们中、短途旅游的主要交通工具,飞机则以其快速、舒适等特点进一步扩大了人们旅行的空间。

4. 科技的进步导致闲暇时间的增加

"二战"后科学技术广泛地应用于生产之中,生产自动化程度大大提高,生产效率也迅速提高,这就为人们开展闲暇活动,尤其是外出旅游提供了时间上的保证。

5. 生活观念的变化

"二战"以后,人们的生活观念有了较大程度的转变,相应的消费方式有所变化。越来越多的人从追求物质生活的丰富和充实逐渐开始向注重身心的健康与享乐,追求个性化的生活方式转变。旅游受到越来越多人的喜爱。

6. 教育水平使人们的文化和审美素质有所提升

战后各国的教育事业不断向新的广度和深度发展,这就提升了人们的审美情趣,增加了对自己乡土和其他地区和国家的事物的了解,推动了人们旅游动机的产生和外出旅游。

7. 政府的支持和服务条件的改善

战后各国政府对旅游业的重视程度不断提高,并且将其当作国家经济的重要组成部分。同时,许多国家也把旅游当作提高国民素质的一种手段,扶持旅游业的发展,这都对旅游的加速发展起到积极的促进作用。

（二）现代旅游的几个发展阶段

1. 第一阶段（20世纪初至第二次世界大战结束）

20世纪早期旅游的发展,所依靠的主要是经济收入的增长,然后才是交通方式的改进。到了20世纪30年代,带薪假期已经成为普通人生活的一部分,这也使得休闲旅游的需求得到进一步提升。在这段时期里,人们对假期价值的认识与日俱增。

2. 第二阶段（第二次世界大战结束后至20世纪70年代）

第二次世界大战后,大多数西方发达国家的旅游业迅速发展起来。20世纪五六十年代旅游产业迅速发展,这在对其间出现盼包价航空旅行产生影响的同时,也对以家庭为中心的休闲旅游形式迅速发展产生积极影响。

3. 第三阶段（20世纪70年代后）

这一时期旅游业成为重要的经济支柱。大众旅游的兴起和旅游业的大力发展,使旅游成为新型的社会时尚,旅游业成为许多国家和地区经济发展的催化剂,甚至发展成为经济支柱。

第三节　国内外体育旅游的发展状况

一、国外体育旅游发展状况

国外体育旅游的总体发展状况与特征表现主要有以下几个方面：

（一）发展进入成熟阶段，体育旅游市场规模较大

体育旅游在西方发达国家，无论是参与型还是观赏型体育旅游，其项目的开发程度都已经较为成熟了。

（二）体育旅游经营部门已形成，经营渠道多元化

发达国家体育旅游的开发起步较早而且项目较全面，体育旅游爱好者的数量也是越来越多。在这样的形势下，随着体育旅游市场的扩大，不少国家已经有专门的体育旅游旅行社，有些旅行社甚至专门从事某一项体育旅游活动的宣传与推广工作。

（三）对资源的持续利用非常重视，效益可观

在体育旅游资源，特别是体育旅游人文资源的持续利用过程中，为发达国家带来的经济效益和社会效益都是非常大的。其中，大型国际比赛所开发的赛事体育旅游，不仅在当时为举办国造就了发展体育旅游的良好契机，观赏竞赛为游客带来的身心愉悦，而且在赛后仍有大量的游客涌入举办国，旅游者们借此机会在举办国游山玩水，获得更多的旅游体验。

较典型是瑞士。瑞士的体育旅游发展迅速异常，是国外体育旅游发展的典型代表。瑞士有"冰雪王国"的称号，也是欧洲乃至世界的冰雪运动中心。登山和滑雪是瑞士旅游业中最先发展的项目。进入冬季以后，瑞士雪上运动成为旅游者的最爱。除此之外，瑞士完善的设施设备、优质的专业旅游服务，对众多的游客也有着非常大的吸引力，这就为瑞士的经济发展带来了巨大的效益。

二、我国体育旅游发展状况

虽然我国体育旅游作为产业发展的起步较晚，但近年来却有着快速发展。当前，在政府的高度重视下，再加上社会的极大关

注、民众的广泛参与,我国体育旅游迎来了黄金发展时期。

(一)我国体育旅游发展现状分析

经过长时间的发展,我国体育旅游发展已经取得了一定的成效,所表现出的状况主要表现在以下几个方面。

1. 多样化的体育旅游产品体系已初步形成

随着体育旅游的逐步兴起,一个以观赏性和参与性为主的体育旅游产品体系已经逐渐得以形成。体育观赏游所包含的内容非常广泛,比如,大型体育赛事观点旅游、体育表演观赏旅游和体育景观观赏旅游等。

2. 国内、出入境体育旅游显雏形

我国体育旅游在国内和国际市场上都有一定的发展。目前,我国的体育旅游市场消费者主体还是国内游客,国外游客相对要少一些,出境游客要更少一些。随着出境游的不断升温,出国观看精彩赛事和参加一些有趣味的体育活动也成为了体育迷们的选择。

3. 初步形成专兼结合的营销渠道

近年来,随着参与体育旅游人数的增多,一些大型旅行社都将专门的体育旅游部门设立了起来,部分中介和体育经纪公司亦把体育旅游纳入了自己的业务范围,体育旅游景区景点和体育赛事成为了各旅游中介机构竞相争夺的项目。贵州大峡谷漂流、黑龙江亚布力雪场都是较为典型的代表。由此可以看出,体育旅游市场在旅行社层面上初步形成了专、兼结合的营销渠道。

4. 体育旅游专业人才培养已起步

对于体育旅游业来说,其发展的程度,在很大程度上取决于专业人员的数量和质量,因为这会对体育旅游业发展的速度与规模产生直接影响。鉴于此,全国多所高校纷纷开设了体育旅游、体育与户外运动等专业方向和相关课程。从当前的形势来看,体育旅游专业人才的培养已起步并在稳步发展着。

5. 加快发展体育旅游正成为各级政府的共识

国务院《关于加快发展旅游业的意见》和国务院办公厅《关于加快发展体育产业的指导意见》中,都将要大力发展体育旅游业的建议提了出来。并且,国家旅游局还先后两次开展了以体育为主题的旅游年活动。一些省市也出台了发展体育旅游的新规划、新举措。这些都对体育旅游的发展起到了积极的推动作用。

(二)我国体育旅游发展的主要趋势

从上述内容中发现,当前我国体育旅游发展已经取得了一定的成效。结合我国的相关政策与支持举措,可以对体育旅游的发展趋势加以预估,具体如下:

1. 体育旅游产品供给呈现出专业化、聚集化趋势

体育旅游是旅游业的一个分支,这就决定了体育旅游的发展必须是在大旅游业的基础上进行的。因此,为了保证体育旅游的发展,就需要借助或者利用旅游业现有的营销平台、推广手段和管理方式等。体育旅游业中所包含的基本因素与传统旅游是相同的,都是吃、住、行、游、购、娱等,因此,可以将其视为一个完整的产业链。基于体育旅游的特点,未来的体育旅游产品开发可能会出现两种态势,分别是"由点到线"和"由点到面"。

2. 体育旅游投资主体呈现出显著的社会化趋势

当前,我国体育旅游投资的形式主要有:传统旅游景区为游客而开发的体育项目;体育系统将所管辖的体育及相关资源对社会开放;社会资金为实现资本扩张而进行的专门投资。

随着体育运动社会化的深入和大众旅游时代的来临,新兴和高端的体育旅游产品在吸引社会投资中有着非常广阔的发展前景。只要对社会资本进行积极有效的引导,借助于完善的服务,越来越多的社会资本投向体育旅游业定会成为趋势。

3. 体育旅游的国际化趋势更加显著

从当前我国体育旅游的发展态势来看,未来我国的体育旅游市场的活跃度将会更高。随着入境游、出境游人数的增加和体育全球化的深入,国际体育旅游者必将增多。

4. 网络营销呈现出逐步扩大化的发展趋势

目前,关于我国体育旅游的营销方式主要为旅行社营销,同时还有相关的网络销售。从实际调查中发现,大多数体育旅游者倾向于出行自主而不经由旅行社安排。未来的体育旅游营销不仅会出现供需双方的网络直接对接,而且还会将全球体育旅游营销网络建立起来。

5. 体育旅游营销方式呈现出一体化的趋势

对于当前的旅游业发展来说,区域旅游一体化是一个重要特征和趋势。一体化的基础设施、一体化的环境保护要求、一体化的管理制度、一体化的服务标准、一体化的产品质量和特色化的宣传包装,是实现资源共享,形成品牌效应,增强核心竞争力的有效途径。[1]

第四节　体育旅游与生态环境的关系

一、保护体育旅游生态环境

(一)保护生态环境的意义与原则

1. 保护生态环境的意义

保护生态环境就是研究和防止由于人类生活、生产建设活动

---

[1] 柳伯力.体育旅游概论[M].北京:人民体育出版社,2013.

使自然环境恶化,进而寻求控制、治理和消除各类因素对环境的污染和破坏,并努力改善环境、美化环境、保护环境,使它更好地适应人类生活和工作需要。[①]

从某种意义上来说,维护生态平衡,保护环境已经对人类生存、社会发展产生了根本性的影响,是亟需解决的一个社会性问题,要加以重视。

2. 保护生态环境应遵循的原则

在对生态环境进行保护时,必须遵循一定的原则来加以指导,具体包括以下几个方面:

（1）生态环境保护与建设并举的原则。

首先,在生态环境建设的力度上要加大,其次,必须坚持保护优先、预防为主、防治结合,彻底扭转一些地区边建设边破坏的被动局面。

（2）污染防治与生态环境保护并重的原则。

需要考虑的重点在于区域和流域环境污染与生态环境破坏的相互影响和作用,与此同时,还要将污染防治与生态环境保护进行统一规划,同步实施,把城乡污染防治与生态环境保护有机结合起来,经过不懈努力,来使城乡环境保护一体化得以实现。

（3）统筹兼顾,综合决策,合理开发的原则。

对资源开发与环境保护的关系进行科学处理,坚持在保护中开发,在开发中保护。经济发展必须遵循自然规律,同时还要做到近期与长远统一、局部与全局兼顾。进行资源开发活动必须充分考虑生态环境承载能力,从而使以牺牲生态环境为代价换取眼前的和局部的经济利益的情况得到禁止。

（4）谁开发谁保护,谁破坏谁恢复,谁使用谁付费制度的原则。

要将生态环境保护的权、责、利明确下来,充分借助于法律、经济、行政和技术手段来更好地保护生态环境。

---

① 柳伯力.体育旅游概论[M].北京:人民体育出版社,2013.

(二)生态环境保护与体育旅游发展

体育旅游与生态环境两者是共生关系。良好的环境是体育旅游发展的基础,要发展体育旅游就要对环境进行保护;同时,环境的保护也离不开来自体育旅游发展所产生的经济收入的支持。

在城市中生活的人们,往往要面对大气、噪声、土壤污染等很多问题,但是,任何一个游客都不希望自己所到之处的环境受到污染。这种矛盾在体育旅游中有着充分体现。为了开发好这些资源,就必须投入一定的资金进行环境的改造,环境变好了就会吸引更多的游客,而体育旅游则是靠游客来产生经济效益的。

体育旅游活动是人类的一种积极的健康活动,相较于一般的旅游活动来说,其是有着自身显著的特点的。具体来说,它是伴随着一些体育的运动项目,让参与者亲身体验其中,可以感觉到体育的刺激性,或者对征服某项运动所带来的成就感。由此可以得知,体育旅游在产生健身效果的同时,也能作为现代人寻求释放压力的一种新的选择而存在。

二、体育旅游与自然和谐

(一)体育环境

体育环境主要包括自然环境和社会环境,是与体育相互联系、相互制约、相互作用的各种因素的总和。

1. 体育自然环境

人类生存和发展所依赖的各种自然条件的总和,就是所谓的自然环境。由此可以推断出,体育所依赖的自然环境就是相对于体育而存在的、对体育具有较大影响力的、并构成与体育发展具有相互作用关系的物质实体的总和。

在进行体育的过程中,人们需要从自然环境中直接或间接获得所需的物质资料,自然环境为体育活动的实现提供资源、场所,在这个意义上,自然环境成为了一切体育活动的载体。体育自然环境的优劣,会在很大程度上对体育运动发展的速度和质量产生影响。体育自然环境的范畴较宽,它大体包括两个方面:一个是直接影响体育活动的具体空间、位置、地形、地貌、气候、水文、土壤、岩石、植物与动物等的天然环境,其是体育发展的物质基础和必要条件;一个是人类在天然环境的基础上,经过劳动加工改造过的物质实体,即体育人工环境。

2. 体育社会环境

相对于体育而存在的、对体育具有一定影响力的、构成与体育发展相互作用关系的社会条件的总和,就是所谓的体育社会环境。其所包含的内容主要有三个方面:一个是政治环境,包括执政党状况、民主政治制度、政策法规等社会制度的宏观系统,它对体育的发展起引领和保障作用;一个是经济环境,是指影响、制约和促进体育运动运行和发展的经济因素的总和;还有一个是人文环境,是对体育具有一定影响力、构成与体育发展相互作用关系的其他社会条件的总和。

(二)体育旅游与资源

体育旅游的开展是需要一定的旅游资源做基础的。通常情况下,可以将体育旅游资源分为以下几个方面:

1. 体育旅游自然资源

体育旅游资源来源于自然旅游资源,而自然旅游资源是天然赋予的。地球表层分为岩石圈、生物圈、水圈、大气圈。其中,岩石圈表面形成地质类和地貌类旅游资源,这些自然旅游资源为登山、徒步旅行、探险、骑游等体育旅游提供物质条件。水圈内形成江河、湖泊、瀑布、海滨、泉点等旅游资源,为漂流、游泳、滑冰、潜水等水域性体育旅游创造了条件。生物圈内形成森林景观、植物自然保护区、野生动物保护区、特殊动物群落旅游区等,成为探险、登山、徒步旅行的好场所。

2. 体育旅游人文资源

人文旅游资源通常也是自然形成的,是人类历史遗存和人类创造的物质、精神财富,它是社会、历史、文化多方面作用的结果。人们最重要的体育旅游人文资源,往往是人类历史在其发展的过程中,对某个历史时期生产力发展水平及社会生活等方面,通过活动遗址、建筑、雕塑、壁画、文学艺术、伟大工程、陵寝等各种形式遗存下来的。它同时也是人类历史发展中宝贵的精神财富。

另外,还需要强调的是,体育旅游资源的自然存在还指,它只是供体育旅游者在原地享用,不能占为己有,也无法移动。

(三)体育旅游的和谐价值

体育旅游的价值,是体育旅游在社会中的地位和作用的重要体现。具体来说,主要是指它能满足人类生存、发展享受需要的特定效用关系。

通常情况下,以其作用的对象为依据,可以将体育旅游的价值分为个体价值和群体价值;以其作用的范围为依据,则可将其分为生理价值(健身价值、娱乐价值、医疗价值)、心理价值(教育价值、艺术价值、审美价值、道德价值)和社会价值(经济价值、政治价值、军事价值、科学价值、社交价值等)。一般的,会借助于是否有利于人的身心健康发展和社会进步为标准,及其价值的质和量满足社会需要的程度来对体育旅游价值加以评定。决定体育旅游价值实现的深度与广度的因素主要是客体本身的结构和主体活动的水平。

体育旅游价值即体育旅游的功能(效用)与人类需要之间的主客关系。体育旅游的价值包括的内容主要有以下几个方面:

(1)外在价值。包括的内容主要有:体能的外在价值;体育旅游知识的外在价值;运动技能的外部价值;快乐的外在价值。

（2）内在价值。包括的内容主要有：体能的内在价值；体育旅游知识的内在价值；运动技能的内在价值；快乐的内在价值。

通常会按照内在价值的标准、满足的标准、一致的标准来对体育旅游价值加以评判。

第二章 体育旅游资源的开发与整合

我国地大物博,不仅有着丰富的自然资源和人文资源,所拥有的体育旅游资源也是非常丰富的。经过不断发展,我国的体育旅游资源得到了进一步的开发,并且在各项政策的推动下,体育旅游资源得到了有机整合,这些都促成了我国当前良好的体育旅游发展状况。本章首先对体育旅游的基本理论加以阐述,接着介绍体育旅游资源的分布情况,并在此基础上,对我国体育旅游资源的开发、利用、保护以及整合进行重点分析和阐述。由此,能够对我国体育旅游资源的基本情况有所了解和掌握,也为其后续进一步的管理和可持续发展奠定良好的基础。

第一节 体育旅游资源概述

一、体育旅游资源的概念

作为旅游资源的重要组成部分,体育旅游资源应该具备的条件有两方面:一是要能够有效吸引体育旅游者,将他们的体育旅游动机有效激发出来;二是要能够进行一定的体育旅游活动。

关于体育旅游资源,通常将其分为两个方面:一个是体育旅游对象,主要是指一些经过人为开发或部分开发的事物,已开发的体育旅游资源以及部分潜在的体育旅游资源都属于体育旅游对象的范畴;一个是体育旅游设施,是专门为参与者提供体育旅游活动条件、满足体育活动需求的娱乐设施和服务设施。

对于体育旅游者来说,他们在选择目的地时,首先要对体育旅游资源进行考量。一般来说,旅游对象种类越齐全,内容越丰富,数量越多,质量越高,这个旅游目的地对旅游对象就会有更大的吸引力,被选择的概率就会越大。

通过上述分析,可以将体育旅游资源的概念界定为:在自然界或人类社会中能对体育旅游者产生吸引力,激发其体育旅游动机,并付诸其体育旅游行为,为旅游业所利用且能产生经济、社会、生态效益的事物。

二、体育旅游资源的类型划分

(一)按自然资源划分

按照不同的分类标准,可以将体育旅游资源划分为不同的类型,具体见表2-1。

表2-1 按照自然资源划分体育旅游资源

划分类型	定义	可开展的体育旅游项目
地表类	指山峰、山地、峡谷、戈壁、沙滩、洞穴、荒漠等	登山、攀岩、沙滩排球、沙地足球/野营野炊、速降、徒步穿越、洞穴探险、滑沙等
水体类	指海洋、湖泊、瀑布、江河、溪流等	潜海、冲浪、滑水、漂流、瀑降、垂钓、划船、游泳、扎筏渡河、溯溪、溪降等
生物类	指森林风光、草原景色、古树名木、珍稀动植物等	森林穿越、野外生存、草原骑游、溜索、滑草、狩猎、观花、观鸟等
大气类	指云海、雾海、冰雪、天象胜景等	攀冰、滑翔机、高山摄影、溜冰、滑雪、滑翔伞、热气球等
宇宙类	指太空、星体、天体异象、太阳风暴等	太空飞行、太空摄影、太空行走、登月探险等

（二）按照人文资源划分

人文资源内容丰富，具体分类见表2-2。

表2-2 按照人文资源划分体育旅游资源

划分类型	定义	可开展的体育旅游项目
历史类	主要是指古人类遗址、古代伟大工程、古城镇、古建筑、石窟岩画等	考古探险、徒步穿越、驾车文化溯源等
民族民俗类	指民族建筑、民族风情、传统节庆、社会风尚、起居服饰、特种工艺品等	射箭、摔跤、赛马、推杆、秋千、民族歌舞竞赛等
宗教类	指宗教圣地、宗教建筑、宗教文化等	转山、转庙、登山、徒步文化溯源等
园林类	指特色建筑、长廊、人工花园、假山、人工湖等	野营、野炊、垂钓、划船、定向穿越、丛林激光枪战等
文化娱乐类	指动物园、植物园、游乐场所、狩猎场所、文化体育设施等	野营、野炊、狩猎、垂钓、划船、定向穿越、观赏体育赛事等

（三）按照活动类型资源划分

按照活动类型标准，可以将体育旅游资源分为以下几种类型：
观赏类：观看奥运会、世界杯足球赛、全运会等。
竞技类：竞争激烈的体育赛事。
体验类：野营野炊、自驾车等。
探险类：登极高山、无氧攀登、洞穴探险等。

三、体育旅游资源的特点

体育旅游资源的显著特点表现在以下几个方面：

（一）多样性特点

体育旅游资源是旅游资源与体育运动的结合，体育运动的加入，进一步丰富了旅游资源的内容，这也就赋予了体育旅游资源内容的多样性特点。

另外,体育旅游者需求方面也有着显著的多样性特点。按照不同的动机,可以将体育旅游分为陆地、水域、空间这几种类型。在同一体育运动项目中,也可以将其分为极限、探险、休闲这几种类型。丰富的文化内涵也具有显著的多样性特点,具体来说,在体育旅游过程中,人们可以从事体育健身、休闲旅游,猎奇探险,同时,还能观赏美景、学习知识、增加智力等。

(二)定向性特点

对于所有旅游资源来说,对旅游者具有吸引力是其共有的本质特征。但体育旅游资源的吸引力与体育旅游者认识方面的主观效用有着一定的关联性。体育旅游资源吸引功能的实现,是需要一定的路径的,这里主要有两个方面:一个是体育旅游资源的形成被体育旅游者感知和决策;另一个是体育旅游者向体育旅游资源的移动。

就某项具体的体育旅游资源而言,其对不同旅游者的吸引力是不同的。比如,登山攀岩运动,对喜欢极限运动的人的吸引力非常大,但是对喜欢水上体育旅游的人来说并没有什么吸引力。由此可见,不管是什么样的体育旅游资源,在吸引力方面都表现出了显著的定向性特点。

(三)区域性特点

体育旅游资源是存在于特定的地理环境中的,因此,这也就决定了体育旅游资源具有一定的区域性特点。这在自然旅游资源和人文旅游资源上都有所体现。

区域性是旅游资源的最本质的特征。正是由于旅游资源的区域性差异,使得一个地方的自然景物或人文风情和体育旅游活动项目具有吸引异地旅游者的功能,才称其为体育旅游资源。由此可以得知,是否保持和突出了那一区域的旅游资源的地方特色在很大程度上决定着一个国家或地区旅游业是否有成就。

体育旅游资源的地域性特点在地理上表现出了不可移动的特点,使它在所在地区一般都是独一无二的。我国的长城、埃及的金字塔、美国的大峡谷等都是典型代表。

一般的,体育旅游资源的区域特色越显著,内容越丰富,影响越广泛,对体育旅游者的吸引力越大。

(四)重复性特点

体育旅游资源与其他旅游资源之间存在的一个显著差异,就是体育旅游者故地重游的重复性现象较为显著。对于体育旅游资源来说,体育旅游者往往会将户外体育锻炼这一功能充分利用起来,并对体育旅游的参与性与挑战性特点进行充分体验和感受。

(五)季节性及变化性特点

景物会随着四季的变化而发生变化,同时,也使相对应的体育旅游方式发生改变,这就是所谓的季节性特点。对这一特点起到决定性作用的因素主要有体育旅游资源所在的纬度、地势、气候等方面。除地理纬度因素外,地势的高低也会直接影响其垂直变化。

体育旅游主要功能在于户外体育锻炼,且多数以自然风光为背景展开活动。以山岳、水体、动植物为依托,许多自然旅游资源要素随时间变化表现出不同的组合关系。气象要素在一日之内的变化都是很大的,更不用说更长的时间了。从某种意义上来说,体育旅游资源总是随着人类物质文明和精神文明的进步而不断补充、发展的,这也体现出了其显著的变化性特点。

四、体育旅游资源的功能

体育旅游资源,不仅有着非常显著的特点,而且功能也非常强大。表现在以下几个方面:

（一）作为现代旅游活动的客体存在

在体育旅游过程中，体育旅游资源是其活动的直接对象，其存在的形式为体育旅游活动客体。具体来说，其包含的内容主要有：已经开发的体育旅游资源和未开发的体育旅游资源。在社会经济与现代旅游业的发展过程中，许多新的体育旅游资源被不断地开拓与发掘出来，并为体育旅游者创造了参与体育旅游的机会。

（二）吸引功能

良好的体育旅游资源的吸引功能是比较强的，能够吸引更多的体育旅游者参与，或将更多体育旅游者的动机激发出来。

从某种意义上来说，体育旅游资源的吸引功能是相对于体育旅游者这一客源市场而存在的，其吸引力往往会作为一个重要标准来对体育旅游资源的价值进行评价。总的来说，客源市场是任何体育旅游资源都不可或缺的重要对象，否则，其本质特征与自身价值就会消失，体育旅游资源也不会存在了。

（三）效益功能

对于体育旅游强国来说，体育旅游产业所产生的经济效益是国民经济生产总值的重要支柱，而这在我国还有待进一步加强，争取使体育旅游产业早日成为支柱产业或经济增长点，这也在某种程度上体现出了旅游资源开发的综合经济效益。除此之外，体育旅游资源社会效益和生态效益功能也不可忽视。

第二节 体育旅游资源的分布

我国地域广阔，体育旅游资源丰富，这里重点分析具有代表性的几个省市的体育旅游资源分布情况。

第二章 体育旅游资源的开发与整合

一、北京市体育旅游资源分布

(一)自然资源及其分布

1. 土地资源

北京的体育旅游土地资源非常丰富,分布地主要有:百花山、灵山、白草畔、海坨山、怀柔区的生存岛、延庆的康西草原等地。

2. 水体资源

北京市的体育旅游水体资源,可以大致归纳为三大河流(永定河、温榆河、潮白河),五大水系(永定河水系、温榆河水系、拒马河水系、潮白河水系、洵河水系),五大水库(密云水库、怀柔水库、官厅水库、十三陵水库、海子水库),除此之外,还有青龙峡、小汤山温泉、龙脉温泉等。

3. 花木资源

北京市的体育旅游花木资源主要是指香山红叶。

(二)人文资源及其分布

北京市的体育旅游人文资源,主要包含以下三个方面的内容,且有各自的分布地点。

1. 空中资源

北京市的体育旅游空中资源,主要在红螺湖旅游区、朝阳公园分布,可以开展的体育旅游项目如空中飞降、跳伞、蹦极跳等。

2. 军营资源

北京市的军营资源,主要是指拓展训练基地,在很多地方都有分布。

3. 乐园资源

各种游乐园、体育场馆、滑雪场、度假村等。

(三)赛事资源及其分布

作为全国的政治、经济、文化中心,北京也是全国的体育中心,其可承包各级、各类、各项目的体育赛事。

(四)节庆资源及其分布

北京市有着优越的地理位置,同时,文化底蕴深厚、节庆活动丰富,庙会活动盛行。另外,在庙会活动中,还会有太极拳(扇)、扭秧歌、舞龙舞狮等各种体育项目表演活动,十分精彩。

二、广东省体育旅游资源分布

(一)自然资源及其分布

广东省地形复杂,全省山地、平原、丘陵交错,海岸线长,陆地和海洋资源丰富。这种自然资源适合开展的体育旅游项目主要有登山、攀岩、探险、漂流、沙滩旅游等。

(二)人文资源及其分布

广东省的人文资源也是非常丰富的,典型的有旅游价值非常高的历史文化名城、名镇、名园,这为体育旅游的发展提供了强大的人文旅游资源,潜力无限。

(三)赛事资源及其分布

广东省体育赛事种类繁多、资源丰富。一系列的国际体育赛事对广东政治、经济、文化、体育的发展都起到积极的促进作用,这些赛事还和广东独特的生态、人文资源一起吸引了众多体育旅游者,使广东体育旅游得到丰富和发展。

(四)民族体育资源及其分布

广东省不仅有汉族,还聚集着很多少数民族,比如,壮族、满族、苗族、瑶族、畲族、黎族等,这些民族的民族体育活动为广东发展体育旅游业作出了巨大的贡献。

三、四川省体育旅游资源分布

(一)自然资源及其分布

四川省四周高山环绕,峰峡层叠,河流众多,湖泊广布,地形丰富,生态旅游区众多,适合开展的体育项目也众多。较为具有代表性的自然资源主要有峨眉山、贡嘎山、四姑娘山等,这些为登山、野外生存、探险、攀岩、滑雪等体育项目的发展创造了有利条件。除此之外,四川还分布着灵罗密布的江水资源,典型的有金沙江、岷江、嘉陵江等,这些资源为垂钓、划船、游泳、漂流、冲浪等水上体育项目的发展创造了有利条件。

(二)体育赛事资源及其分布

由于地形的原因,四川省的交通条件并不理想,这就阻碍了其体育赛事的举办,但是,四川省少数民族众多、环境优美,这也使得漂流、冰雪项目等体育休闲旅游项目的发展有着良好条件。

(三)民族体育资源及其分布

四川省是藏族、傣族、彝族等的聚居地,这些民族都具备自己独特的民族节庆,较为代表性的有藏族的赛马会、傣族的泼水节、彝族的火把节、康定跑马山转山会等。

四、黑龙江省体育旅游资源分布

(一)自然资源及其分布

1. 山体资源

黑龙江省西、北、东三面环山,森林面积居全国之首。从全省来看,黑龙江山体资源丰富,适合发展的体育旅游项目主要有登山、攀岩、溜索、狩猎、森林徒步、滑雪、滑草等。

2. 水体资源

黑龙江省水系丰富,著名的有黑龙江、乌苏里江、松花江、嫩江、绥芬河等。除此之外,河川纵横,湖泊星罗棋布,适合开展划船、垂钓、游湖等体育旅游项目。

3. 花木资源

黑龙江省植被覆盖率高,花木资源丰富,常见的有亚布力森林公园、雪乡森林公园、苇河八里湾森林公园、凤凰山森林公园等各类森林公园,适合开展各项体育旅游活动。

(二)人文资源及其分布

1. 空中资源

黑龙江的空中资源主要是指二龙山,所开发的体育旅游项目有高山滑道、溜索、滑翔伞和缆车等。

2. 军营资源

黑龙江的军营资源主要是指长寿森林公园和亚布力森林公园,主要开展的体育旅游项目有森林穿越、野外拓展等。

3. 乐园资源

体育旅游项目主要在太阳岛游乐场、北山公园、文化公园等游乐场中得以开发和发展；同时，还先后建立工人体育场、哈尔滨市人民体育馆、体育馆冰上基地等有利于室内体育活动开展的体育设施。

4.节庆资源

黑龙江省的节庆资源也非常丰富（表2-3），且纪念、象征意义显著，体育旅游价值高。

表2-3 黑龙江省节庆旅游资源

分类	节庆活动
冰雪节庆	中国黑龙江国际滑雪节、中国哈尔滨国际冰雪节、哈尔滨冰灯游园会、齐齐哈尔冰雪游览会
民俗节庆	中国黑龙江火山旅游节、五大连池饮水节、黑龙江五花山观赏节、漠河夏至节、齐齐哈尔观鹤节、方正莲花节、镜泊湖金秋节、木兰滚冰节、黑龙江森林生态旅游节
商贸节庆	中国哈尔滨经济贸易洽谈会、哈尔滨国际啤酒节
文化艺术节庆	哈尔滨之夏音乐会、阿城金源文化节
少数民族节庆	蒙古族"那达慕"大会、达尔翰族"敖包会"、朝鲜族老人节、回族开斋节、鄂温克族米阔鲁节、锡伯族抹黑节和西迁节、柯尔克孜族诺劳孜节

（三）体育赛事资源及其分布

黑龙江省所处地理位置非常优越，是冰雪项目类赛事的主要举办地。目前，黑龙江省被国家正式挂牌的训练基地中，运动训练队和参赛队是主要消费人群，适时地开发当地运动训练基地，能够对黑龙江省体育旅游业的发展起到积极的带动作用。

（四）民族体育资源及其分布

黑龙江省居住的少数民族众多。各民族都有其各自的传统体育项目，且形式和内容都丰富多彩，在体育旅游发展方面有着巨大的潜力，值得进一步开发和挖掘。

五、内蒙古自治区体育旅游资源分布

（一）自然资源及其分布

内蒙古自治区草原广阔，森林资源丰富，还有这丰富的自然资源，比如，多伦陨石坑、恩格贝沙堤景观区和月亮湖沙湖景观区等，这些都为体育旅游业的开发提供了更多的可能性。

（二）人文资源及其分布

内蒙古自治区的宁城热水汤、辽中京大明塔、洞金山卧佛、岱海遗址、老虎山聚落、明长城、白二爷沙坝、小板升汉墓壁画等，都是其具有代表性的人文资源，具有很高的体育旅游开发价值。

（三）体育赛事资源及其分布

内蒙古的体育赛事资源主要是指"紫金杯"国际驼球邀请赛、全国青少年越野锦标赛、全国超级车王短道挑战赛等，且这些活动都被赋予了显著的地方特色和民族特色，是有助于体育赛事旅游资源的开发与开展的。

（四）民族体育活动资源及其分布

内蒙古自治区民族风俗节庆活动独具特色，鄂温克草原冰雪旅游节、海拉尔的冰雪节、锡林郭勒的"那达慕"等都是特色鲜明的民族体育活动，可以以此为突破点，大力开发体育旅游资源。

（五）传统体育项目资源及其分布

内蒙古自治区较为具有代表性的传统体育项目主要有草原深处骑马游、滑雪、滑冰、滑草、原始森林探幽、雪地摩托车、中国式摔跤、狩猎、斗马等。

第三节 体育旅游资源的开发、利用与保护

一、体育旅游资源开发利用的价值体现

所谓体育旅游资源开发与利用,是指人们为了发挥、改善和提高体育旅游资源的吸引力所从事的开拓和建设活动。[①] 为了对这一概念有更加深入的理解,可以从两个方面来剖析:一是改变体育旅游资源的可进入性,对于尚未被利用的资源变成能为体育旅游者所用;二是已被部分利用的资源在其利用的广度与深度上得到加强。

旅游资源开发所涉及的对象主要有两个方面:一个是现实的旅游资源,一个是潜在的旅游资源。潜在的旅游资源向现实的旅游资源的转化,是需要进行初始开发和建设的,这是必不可少的重要程序。

众所周知,体育旅游资源的吸引力实际上是体育旅游者主观兴趣的反映。经初始开发后的旅游景点由于适应当时游客的兴趣和需要而吸引力逐渐增大,因而来访的旅游者人数也逐渐增多并形成盛况。但是,随着时间的进展,供需两方面往往都会产生新的变化。

从理论上来说,以某项旅游资源为核心的一个旅游点的生命周期是有终点的,只不过是有的早一些,有的晚一些罢了。从实践上来说,人们主要不断进行开发,不断更新和再生其吸引力,就能够使其市场寿命得到有效延长。

二、体育旅游资源开发利用的内容

对体育旅游资源的开发与利用,所涉及的内容主要有以下几

---
① 陶宇平.体育旅游学概论[M].北京:人民体育出版社,2012.

个方面。

（一）体育旅游资源开发的市场针对性

体育旅游资源是按照自然资源与人文资源的条件来进行开发的，并且对所能利用的体育旅游项目加以选择。其需要遵循的一个基本原则就是所开发与利用的项目必须与客源市场的需求相符。

相较于一般旅游来说，体育旅游的参与性特点要更加显著。极限探险、猎奇型体育旅游活动的参与者，他们往往是旅游的先行者和主力军，他们对体育旅游资源的要求要比一般旅游者要高，不仅要满足新、奇、险的要求的基本要求，还要求具有显著的挑战性、刺激性特点，这样，他们对体育旅游的需求才能得到较好的满足。除此之外，这部分旅游者对野外生存、救护、通讯联络的要求较高，但对交通道路、旅游基础设施方面的要求则相对比较低。

（二）体育旅游资源开发的可进入性

由于体育旅游资源是处于特定的自然环境中的，在地理位置上具有不可移动性的特点，这就导致了体育旅游资源与潜在旅游市场之间是存在着一定的空间距离的，这就会影响资源可进入性。

这里所说的体育旅游资源开发的可进入性，是指旅游资源所在地同外界的交通联系及其内部交通条件的通畅和便利程度。对于体育旅游目的地的开发来说，便利的交通条件会对其成功与否产生重要影响。质量再好、品质再高的旅游资源，如果该地没有较为便利的交通运输条件，其对旅游者的吸引力就会大打折扣，由此就会导致体育旅游资源的应有价值得不到充分展现。由此可知，要妥善解决和提高可进入性，首先需要做好必要的交通基础设施的建设工作，同时，还要合理安排有关交通手段运营。

（三）建设和完善体育设施与旅游设施

1. 建设体育设施

体育旅游活动的开展是离不开体育设施建设这一基础性条件的。具体来说，体育设施建设所涉及的内容有如下几方面：

（1）购置和自制所开展体育旅游活动的设备与器材。

（2）运动场所及配套设施建设。

（3）做好体育旅游活动的安全与保障建设工作，对线路的安全全程加以评估。

2. 完善旅游接待设施

在体育旅游资源的开发利用过程中，需要完善的旅游接待设施有以下两方面：

（1）旅游基础设施。

所谓的旅游基础设施，主要是指一般公用事业设施和满足现代社会生活所需要的基本设施或条件这两个方面。

当地居民是旅游基础设施的主要使用者，但需要注意，也必须向旅游者提供必要的有关设施作为旅游基础设施。

（2）旅游服务设施。

饭店、旅游问讯中心、旅游商店、某些娱乐场所等都属于旅游服务设施的范畴。由此可以将其归纳为：那些虽然也可供当地居民使用，但主要是供外来旅游者使用的服务设施。

（四）培训提供专业服务人员

对于某一区域的体育旅游资源来说，其旅游产业的发展，也会受到旅游服务质量的高低的影响。因此，对旅游地区的服务人员进行专业化的培训是非常重要且必要的。

体育旅游的特点主要包括参与性、刺激性、挑战性等。对于体育旅游者尤其是刚刚加入其中的初学者来说，他们在参与体育旅游活动的过程中或多或少都会存在一定的心理障碍,这就需要有专业的人员来对他们进行科学、积极的引导和开导,克服这些障碍。鉴于此,对体育旅游服务人员的专业技术指导服务、安全保护服务、旅游点的景区导游讲解服务等就有着较大的需求,这方面的服务是需要重视并尽快实施的。

三、体育旅游资源的保护

体育旅游资源不仅需要开发利用,还需要对其加以保护。所保护的内容主要为:旅游吸引物本身以及周围环境。从某种意义上来说,对体育旅游资源的保护,不仅是保护旅游资源,同时也是对体育旅游本身的保护。

一般的,体育旅游资源是通过两种方式被破坏或损害的:一个是自然性破坏,主要是指地震、洪水、泥石流等自然灾害,以及日久天长的风化作用等;一个是人为性损害,究其根源分为建设性破坏和游客带来的破坏以及过度开发的破坏。鉴于此,保护体育旅游资源工作迫在眉睫,要引起重视。具体来说,可以从以下几个方面着手来对体育旅游资源加以保护。

(一)加强区域旅游规划工作

在进行体育旅游资源的开发工作之前,首先要做的,就是细致的可行性研究,对当地情况作深入的调查;其次,要对当地现有的水陆交通工具和运输量,宾馆、饭店、水电供应、通讯、周边游览网点、可进入性、项目吸引力等各方面情况进行准确分析和预测,将各种相应的措施制定出来。除此之外,还要学会对体育旅游容量进行科学制定,尽可能降低体育旅游对资源的不利影响。

(二)以防为主,变被动为主动

对旅游资源的保护有两种:一种是消极或被动的保护,也就是所谓的"治";一种是积极或主动的保护,就是所谓的"防"。具体应遵循的原则为：以"防"为主，以"治"为辅，"防""治"结合，通过法律、行政、经济和技术等方面手段的运用，来加强对旅游资源的管理和保护。

一般的，可以通过必要的技术措施来有效预防因自然原因而可能带来的危害发生。另外，则可以通过经常检查，及时发现因条件限制不易采取类似措施的旅游资源问题，并及时进行治理。

（三）杜绝人为破坏

通过对体育旅游资源的人为破坏原因的分析，可以将破坏的根源找出来。要使这一问题得到妥善解决，首先需要加强体育旅游资源保护意识与知识的宣传教育，提高旅游者自身的意识和综合素质。应该说，只有当旅游者对体育旅游资源的重要性有深刻的理解，并且意识到这是千百万年自然造化与人类文化遗产的精髓，了解人类生存与自然的关系，才能从根本上杜绝人为破坏，才能更好地保护体育旅游资源。

（四）大力开展对旅游资源保护的研究和人才培养

人才的培养是所有事物发展都要重视的一个方面。由于体育旅游资源类型多、分布广、引起破坏的因素多，涉及的技术复杂，这也就决定了体育旅游资源保护的必要性，特别是体育旅游活动直接对资源的破坏是一项重要的科研课题。同时，专业人才在体育旅游资源保护中会起到不可替代的作用，这就要求借助各种方式和途径，来对体育旅游资源保护的专门人才加以培养和发展，从而为体育旅游资源的发展奠定坚实的人力基础。

（五）健全法制法规

当今社会，对旅游资源保护已经成为世界各国决策者都普遍重视的重要问题，并且在近期的一段时间内，已经逐渐出台了一系列的相关法律法规来对体育旅游保护加以支持。加大执法力度,对损害和破坏旅游资源的单位和个人给予行政处罚和经济处罚,对造成严重破坏者,追究有关人员的法律责任。[①]

第四节　体育旅游资源的整合

一、体育旅游资源整合的意义

(一)对旅游产业升级有利

旅游产业升级的实现,是需要一定基础的,而这主要是指体育旅游资源。改革开放至今,我国开发建设了大量各种类型的旅游景区(点),但是旅游资源空间结构相对松散、同类旅游资源重复开发、旅游资源产业链条简单、特定区域旅游资源缺乏主题、"门票经济"现象严重等诸多问题仍然存在。因此,只有将这些方面的问题妥善解决好,旅游产业升级才有可能实现,而旅游资源整合提供了有效的思路和手段。旅游资源整合能够集合单体旅游资源优势,合理分工、有效互补、容易实现规模优势与集群优势,从而夯实旅游产业升级的资源基础。

(二)对促进区域协调发展有利

在世界经济全球化与区域化的背景下,旅游业的竞争已经从景点竞争、旅游线路竞争、旅游目的地竞争发展到区域竞争。随着人们可支配收入的提高和闲暇时间的增多,旅游者对进行深度旅游、个性旅游的倾向性更强一些,因而这就对旅游资源的品级、质量等提出了更高的要求。要实现旅游资源整合,就必须打破地域限制、行政分割,使对旅游资源点和资源区的划分和布局更加科学合理,保证区域旅游活动内容的丰富性和层次的多元化,使

---

① 陶宇平.体育旅游学概论[M].北京:人民体育出版社,2012.

第二章 体育旅游资源的开发与整合

不同旅游者的各项需求都能得到满足。

（三）对形成区域品牌形象有利

当前经过不断开发和发展，旅游资源越来越丰富，再加上各方面宣传的大力推行，旅游者在选择旅游目的地时，往往会有太多的选择。这时候，那些内涵丰富、鲜明生动的旅游形象往往会对旅游者的选择产生决定性的影响。

一般来说，在一定区域范围内，往往会有若干个旅游资源单体同时存在，但是，它们的旅游形象却各有不同，带给旅游者的印象通常是碎片式的。在这种情况下，就需要进行体育旅游资源的整合，这样，能够在全面分析各种旅游资源特点的同时，将它们之间的共性找出来，设定出鲜明的主题，对资源进行重新组合，将各方面的优势集合起来，塑造区域形象，从而促使品牌优势的形成。

二、体育旅游资源整合的原则

在体育旅游资源整合过程中，需要遵循以下几个方面的原则：

（一）整体优化原则

整体优化原则强调整合过程中，要对各旅游资源要素之间相互依存、相生相养、共同发展的关系引起高度重视。

整体优化原则与各旅游资源单体之间，尽管有着一定的关联性，但是，两者并不是处于同一层面的，在开发时序上也不是齐头并进的。在整合、开发区域旅游资源时，一定要注意站在战略高度进行，这样对于准确把握区域旅游资源的整体特点、主导优势、内部差异与互补、周边环境状态、与他域之间的比较优势等是非常有利的，同时还要进行区域整合的整体运作，由此，才能够实现旅游资源经济、社会与环境效应的最大化。

（二）协调互补原则

在体育旅游资源的整合过程中遵循协调互补原则,实际上就是要求对同类旅游资源的错位开发与异类旅游资源的优势互补起到积极的促进作用,从而形成品种丰富、层次多样、功能完善、适应多种不同需求的旅游产品体系,提高区域旅游核心竞争力。

在对体育旅游资源进行整合时,一定要有全局观,并且以此为出发点,积极探索有被替代可能性的旅游资源的发展路径,从而使恶性竞争对区域旅游形象和利益的影响得到有效避免。

一般来说,体育旅游资源有着非常显著的天然的互补性特点,对此进行整合,实际上就是将不同类型旅游资源中的共同性找出来,然后根据得出的结论来进行相应主题的开发,并且将开发出的体育旅游资源按照一定的规律和特点衔接和串联起来,形成游客心目中整体的旅游形象,促进各旅游景区（点）高效互动,塑造区域旅游品牌,从而使区域旅游发展的良性循环得到有力保障。

（三）市场导向原则

市场导向原则所重视的,不仅仅是体育旅游资源整合过程中,随着市场需求的不断变化而对旅游资源各个方面的适当调整,还要尽可能提高旅游资源效用值,从而使游客的感受和需求都得到满足。

在对体育旅游资源进行整合开发之前,首先要进行客观、细致的市场调查,通过对市场动向的准确掌握,来为开发和整合工作的开展奠定坚实的理论基础。在整合和开发实施过程中,需要随时根据市场的变化来对具体的实施内容加以调整,从而使区域旅游竞争力得到保证。这就体现出了市场导向原则。

（四）以人为本原则

近年来,"以人为本"在越来越多的领域被提及,可见其重要性。"以人为本,和谐旅游"是旅游发展的重要宗旨,对于体育旅游资源整合来说,也要求以人为本,统筹兼顾、持续发展。因而,在整合体育旅游资源的过程中,要注意对各要素内在联系的把握的准确性,同时还要体现出旅游资源开发的地域组织规律;要统筹区域旅游的当前利益与长远利益,同时又要兼顾局部利益与全局利益;要使旅游者的旅游需求得到充分满足,同时又要尊重社区居民的感受。

(五)政府主导原则

政府在体育旅游资源的开发过程中所起到的主导作用是自始至终的,且在各个方面都有所体现。体育旅游资源整合的主体包含着多方面,既有资源的所有者,也有管理者或经营者,但是,旅游资源的实际所有权仍然掌握在管理的各级地方政府手中。因此,这就要求行政区政府应在资源整合中,将自身的倡导者和组织者身份和作用充分发挥出来。

三、体育旅游资源整合的形式与内容

(一)空间整合

按照行政区这一标准,可以将体育旅游资源的空间整合的空间尺度大致分为超国家尺度、国家尺度、省(市)尺度、市(县)尺度、乡镇尺度等。跨行政区共生旅游资源空间整合和旅游资源密集区空间整合是其中的两个主要内容。

1. 跨行政区共生旅游资源空间整合

所谓的跨行政区共生的旅游资源,就是旅游资源所依托的地域被行政区划分到了不同的行政区,旅游资源为两个或两个以上行政区共有,由不同的行政区分别对各部分行使管理使用权和行政管辖权的旅游资源。

跨行政区共生旅游资源本身就是一种特殊的旅游资源,其显著特征主要包括地理位置相邻性、资源类型共同性、资源开发相互依赖性、利益主体复杂性等。目前,可以通过行政划拨重新配置、组建联合管理机构、构建区间旅游通道、重组区域旅游产品、旅游企业集约经营等途径来对跨行政区共生旅游资源加以整合。

2. 旅游资源密集区空间整合

旅游资源密集区域往往具有丰富的旅游资源,其也会因此而得到政府和旅游开发商的青睐,优先得到发展,周围不断集聚为旅游服务的旅游企业群体,以及相应配套的其他旅游服务设施。但是,由于各个景区点的主管单位及开发商不同,难免形成各自为政、独立发展的混乱局面,又由于所处地缘相近、文化相亲,所以在开发上难免形象主题趋同,导致这些问题出现的根本性原则都在于开发过程中统筹整合的欠缺。

(二)主题整合

所谓的主题整合,主要是指在某一个区域内,以旅游资源的总体特点和市场状况为主要依据,制定出旅游产业的发展方向和战略,并将区域旅游的主题和形象确定下来,借此来使区域内的旅游资源得以重组,使其能够与区域旅游的主题相适应、相结合,形成鲜明的旅游形象,打造最具市场竞争力的核心产品,形成有吸引力的旅游目的地。主题整合可以是一个主题框架下的系统整合,也可以是两个或多个主题的交叉整合。当前,较为热门的旅游主题的体育旅游资源整合内容主要有以下几个方面:

1. 生态旅游资源整合

当前,关于生态旅游还没有形成统一的认知,但是,有几个方面是达成共识的。第一,旅游地主要为生态环境良好、文化气息浓郁的地区;第二,旅游者、当地居民、旅游经营管理者等的环境意识较强;第三,旅游对环境产生的负面影响较小;第四,旅游能在资金上为环境保护提供支持;第五,当地居民能参与旅游开发

第二章　体育旅游资源的开发与整合

与管理并分享其经济利益,这对当地环境保护也是有所助益的;第六,生态旅游对旅游者和当地社区等能起到环境教育作用;第七,生态旅游是一种新型的、可持续的旅游活动。具体来说,生态旅游资源整合的内容主要包括:内容整合——去伪存真;空间整合——功能分区;机制整合——社区参与。

2. 节庆旅游资源整合

在一定区域范围内对旅游产生吸引力,经开发规划后成为吸引旅游者的动态文化吸引物的各种节事庆典活动的总和,就是所谓的节庆旅游资源。通常情况下,这些活动是规模不一的,在特定区域内定期或不定期举行,且围绕特定的主题开展丰富多彩的旅游项目,以其独特的节事活动吸引大量游客,从而提高旅游目的地的知名度,并产生效果不等的轰动效应。需要注意的是,由于对节庆活动的良好预期,我国各地的政府纷纷举办节庆活动,呈现出一片热闹景象。但是,从全国大大小小的节庆活动中可以发现,节事活动存在着很多严重的问题,比如定位重叠、主题雷同、缺乏个性、跟风等。大多数的节事活动未能从战略高度和地域特色的角度定位,旅游节、美食节、服装节、文化节千篇一律,活动形式往往是大同小异,难以真正起到塑造和传播城市形象和影响的作用。鉴于这些情况,就需要运用整合的思维和手段来加以解决。一般来说,节庆旅游资源的整合内容主要包括:产品体系的主题化;时间安排的序列化;空间布局的协同化三个方面。

3. 水域旅游资源整合

水域旅游资源是相对于陆地旅游资源而言的,一般来说,江、河、湖、海、水库、渠道等类型旅游资源都属于水域旅游资源的范畴,从空间上来说,其主要包含水上、水下和沿岸三个部分。水域旅游资源具有显著的综合性和复杂性特点,因而,这就需要通过整合的理念和方法的运用,合理安排整体中的每一个局部,以求达到整体的优化。在整合过程中,需要对水域旅游资源的四大特性加以注意:即跨界流动性、空间敞开性、水陆关联性、构景多元性。

(三)文化整合

旅游文化是满足旅游者求新、求知、求乐、求美欲望的综合文化现象。所谓的旅游文化,通常就是指能直接或间接为旅游服务的文化,它应纳入旅游文化范围的,是反映目的地独特形象的文化,特色旅游文化往往形成目的地核心竞争优势。其中,我国较为典型的当属上海的海派文化、山西的晋商文化、南京的民国文化、瑞金的红色文化、郴州的福地文化、武夷山的茶文化等。但是,不可忽视的是,临近区域难免具有共同的文化大类,这就要求通过文化整合,在"大同"中求"小异",从而达到有效规避资源同构,谋求区域共赢。

四、体育旅游资源整合的机制与模式

(一)体育旅游资源整合机制

1. 旅游资源的空间共生性是整合的内动力

体育旅游资源是存在于一定的空间中的,而在其所在的一定地域范围内必然存在着其他体育旅游资源,可能是同类的体育旅游资源,也可能是异类的体育旅游资源。同类的旅游资源通常以竞争的形态存在,需要整合协调、错位发展,避免恶性竞争。异类旅游资源,往往存在差异性,在内容上是天然互补的,但通常风格不一,主题各异。鉴于此,就要求对异类旅游资源进行整合,挖掘区域特色,形成区域整体形象。由此可见,一定区域范围内,不同旅游资源之间有一种天然的空间共生性,既相互竞争,又相互依附,不可分割。这种天然共生性具有互补效应和整体效应,在客观上决定了在进行旅游资源开发的过程中,必须有所取舍,必须协调整合,这样"整体大于部分之和"的优化效果才能得以实现。

2. 市场机制是旅游资源整合的外动力

市场效应是一个衡量旅游资源开发成功与否的重要衡量指标,旅游者在旅游的过程中对旅游景区(点)的组合串联有一个自然的选择过程。旅行社推出的旅游产品(线路)会接受市场的检验,不断的拆分、增减、重组各种旅游资源以满足市场的需要。同时,随着自助游、自驾游等新兴旅游形态的兴起,网络上出现了很多"驴友"提供的自助游/自驾游攻略、游记、贴士等内容丰富的旅游信息。这部分信息也在一定程度上将旅游者对旅游资源的个性化选择与整合反映了出来,当相似的信息不断的累积到一定数量,就会转变成市场的需求动向。旅游资源开发管理者会研究这些瞬息万变的市场信息,然后做出调整,或者重组旅游资源,或者在原有资源基础上开发新资源融入其中。应该说,是市场需求引发了旅游资源开发主体的整合行为,这对旅游资源整合的路径和方向产生一定的决定性影响。

3. 政府规制是整合的主导力

从理论上讲,市场是资源配置的最佳手段。但是市场所产生的作用是有限的,即使是在发达的市场经济国家,市场失灵的问题也仍然会存在,不会因为市场的调节而消失不见。更何况,社会主义市场经济体制在我国刚刚建立,尚不完善,存在着一定的弱点和不足,因此,单纯靠市场来进行旅游资源的配置是行不通的,这也就对旅游资源整合还应加强政府的主导行为起到了决定性的影响。可以说,实行政府主导,不仅是理性的,而且是必要的和迫切的。

具体来说,政府首先要对区域旅游资源整合重要性有所了解和认识,并且合理界定发挥主导作用的范围和方式,换句话说,就是要求政府在突出企业主导的基础上,建立政府主导和企业主导的协调平衡机制。

(二)体育旅游资源整合模式

体育旅游资源整合的模式主要有以下两个方面:

1. 旅游资源整合主体的组织模式

实际上,旅游资源的整合就是旅游产业主体的经济活动在区域空间上的表现,是利益相关者基于自身利益和达成共识后共同参与的一种经济活动。

由于旅游资源的区域性特征,以及其管理主体和经营主体的不同,使得在整合过程中往往涉及多个利益主体的多回合博弈。因此,这就要求体育旅游资源的整合必须有一个健全、合理、高效的组织机构或组织形态作为保证,这样整合的预期效果才有可能取得。目前,我国体育旅游资源整合主体的组织模式主要有临时联盟、契约合作、企业集团等这几种。

2. 旅游资源整合的空间模式

旅游资源整合的结果一定会在一定的外在空间形态上得到体现。各个区域在旅游资源开发的初始阶段,由于资源要素分布、交通设施条件、区域政策、发展阶段等因素方面存在着一定的差异性,往往呈现出离散的特点。由于这种离散态并不是最优的,所以在旅游资源空间共生性、市场机制、政府规制等驱动力下必然会发生旅游资源的整合优化。

用系统和发展的眼光看,整合的空间形态一般呈现出递进的特点,遵循"点轴状—圈层状—网络状"的演变规律。[①] 通过认识不同阶段与不同条件下的旅游资源空间形态,对采取针对性措施,优化整合效果是非常有帮助的。

一般来说,旅游资源整合的空间模式有很多种,其中较为主要的有点一轴状的空间模式、圈层结构空间模式、梯度网络空间模式这几种。

---

① 吴国清.旅游资源开发与管理[M].上海:上海人民出版社,2010.

第三章 体育旅游资源的管理与可持续发展

体育旅游资源是体育旅游发展的重要前提。只有开发和挖掘出一定的旅游资源,体育旅游才能在此基础上进行进一步的整合、管理,才能够在不断开发、整合、管理的过程中得到可持续发展。体育旅游资源的管理和可持续发展,是在体育旅游资源的开发和整合基础上进行的,这也是其最终目的所在。本章首先对体育旅游资源管理和可持续发展的基本理论进行了阐述,在此基础上,重点对体育旅游资源管理的实施和可持续发展进行了剖析和研究,由此,能够对体育旅游资源有更进一步的理解和掌握,对后面我国体育旅游的不同类型发展起到积极的指导作用。

第一节 体育旅游资源管理与可持续发展的理论基础

一、体育旅游资源管理的基础理论

(一)体育旅游资源管理的含义解析

要对体育旅游资源管理的含义进行解析,首先要了解体育管理,具体来说,就是具有一定的管理权力的组织和个人,科学、系统地计划、组织、协调、控制、监督体育系统的相关要素。其主要涉及人、财、物、信息、时间等方面的过程。

由此,将体育管理与体育旅游资源结合起来,就能引申出体育旅游资源管理的含义,具体来说,就是体育旅游资源相关的管理组织或个人,科学、系统地计划、组织、协调、控制、监督体育旅游系统的各个要素的过程。

体育旅游资源本身就具有显著的复杂性,因此,在进行这方面的管理时,就需要做多方面的工作,从而保证管理的全面性。在管理其内容的各个子系统进行时,一定要与体育旅游资源管理的总目标结合起来,并且两者是一致的。在对各子系统进行管理时,要积极努力,从而积极促进体育管理总系统目标的达成。

(二)体育旅游资源管理的基本要素

一般的,体育旅游资源管理的要素主要有两个方面:一个是管理对象,一个是管理手段。具体如下:

1. 管理对象

体育旅游资源管理的对象,所指的就是管理活动的承受者,具体来说,就是指人、财、物、时间和信息。

(1)人。

不管是什么样的活动,人都是参与的主体,对于体育旅游资源管理来说,亦是如此。体育旅游资源管理的操作者就是人,可以说,离开了人,体育旅游资源管理活动就无法进行。因此,可以认为人是体育管理系统中最重要、最核心的因素。

具体的,在体育旅游资源管理活动中,"人"实际上指的通常是体育旅游工作的操作者。人的重要性不仅体现在体育旅游资源管理组织机构组成和执行上,还体现在具体实施中的目标和计划的制订上。

(2)财。

资金的支持,是事物发展的一个重要助推力,甚至有的事物缺乏了资金的支持,是会制约甚至阻碍其发展的。这在体育旅游资源管理中也同样适用。可以说,财力是体育旅游事业顺利发展的重要物质基础和保证,同时也是体育事业创造良好经济价值、

第三章　体育旅游资源的管理与可持续发展

政治价值、精神价值和社会价值的重要保证。这里所说的"财"，就是指体育旅游资源管理经费，这就要求在体育旅游资源管理活动中，一定要对经费进行科学管理，合理规划和使用有限的经费，而尽可能达到最佳的发展体育旅游的效果。

（3）物。

必要的客观物质基础，是事物发展的重要前提条件，这对于体育旅游事业的发展也是如此。体育旅游中，需要管理的"物"主要是指体育设施、体育器械、体育仪器、体育服装等。可以说，对体育旅游资源中"物"的管理，能使物的使用率得到有效提升，从而积极推动体育旅游事业的发展。

（4）时间和信息。

时间和信息，也是体育旅游资源管理中非常重要的组成部分，并会影响到体育旅游事业的快速、稳定、可持续发展。在管理时间时，要在尽可能短的时间内办更多的事情，提高单位时间的办事效率；而在管理信息时，则要尽可能多地去搜集和整理信息，从而为管理工作提供相应的依据。

2. 管理手段

管理手段，实际上就是管理者为实现体育旅游资源管理的目标而采取的方法和措施的总称。可以说，体育旅游资源管理活动的进行，是需要依赖这些方法和措施才能得以实现的。具体来说，常用的主要有法规手段、行政手段、经济手段、宣传教育手段等这几种。

（三）体育旅游资源管理的基本原理

关于体育旅游资源的管理，是具有一定的理论基础的，其与体育旅游管理是一致的，其中基本原理是最主要的方面。下面就对主要的几个相关原理加以剖析和阐述。

1. 系统原理

这里对系统原理的理解为,通过系统理论的运用,来对管理对象进行细致、系统的分析,以此来使现代科学管理的优化目标得以顺利实现的原理。

系统原理在以整体效应观为依据而形成的。具体表现在两个方面:一方面,能产生放大功能,即产生"1+1>2"的效果,换言之,就是各要素在孤立状态之和是没有系统的整体功能之和大的;另一方面,整体功能的放大程度与系统的规模是成正比关系的,也就是说,系统越大、结构越复杂,那么其就会有越大的功能。

在系统原理的指导下,对体育旅游资源加以管理时,需要遵循的原则主要有三个方面,即"整—分—合"原则、优化组合原则、相对封闭原则。

2. 动态原理

对动态原理的理解主要为,在管理活动中,需要对管理对象的具体情况进行及时且准确的把握,并根据实际情况来适当调整各个环节。这里要强调的是,管理目标的实现是需要经过一个漫长的过程的,在这一过程中,包括人、财、物、时间、信息等在内的管理对象是不断发展和变化的,受此影响,计划、组织、控制、协调等各个环节也必须相应地进行变化,这样才能使管理目标的顺利实现得到保证。

在体育旅游资源管理过程中应用动态原理,需要遵循两个原则:一个是弹性原则,具体来说就是在管理过程中必须留有一定的余地,从而使其具有一定的弹性,不会太过死板和坚硬,这样就能与客观事物各种可能的变化相适应,从而使管理活动的正常进行得到保证;另一个是信息反馈原则,具体来说,就是通过信息的反馈,对未来行为进行有效控制,从而达到行为不断逼近管理目标,这一个过程就是所谓的信息反馈原则。

3. 人本原理

在管理过程中,要通过各种方式和途径将人的积极性充分调动起来,做到以人为根本,这就是人本原理的基本要求所在。人在管理过程中,所扮演的角色,既是管理的主体,也是管理客体中最主要的因素。同时,在运用各项管理措施和管理手段时,首先要注意遵循的一个重要原则,就是必须能对人产生一定的作用,这样才能将人在这方面的能动作用发挥出来,从而最终达到有效协调与其他管理要素的关系的目的。

在体育旅游资源管理中应用人本原理,就是要对在人本原理实践中如何体现以人为本的思想,使人性得到最完善的发展的问题加以分析和研究。将人本原理应用与体育旅游资源管理中,需要遵循行为原则、动力原则、能级对应原则。其中,后者是高能级办高能级的事,低能级办低能级的事,做到能级对应。

4. 效益原理

企业在管理过程中,往往都是以效益为中心的,而这里所说的效益主要包含社会效益和经济效益两个方面,通过科学地使用人力、物力、财力等方面的资源来将最大的效益创造出来。

从现代管理的角度来说,企业管理将创造最佳的社会经济效益作为主要目的,而效益原理的实质在于,不管什么样的管理,其目标都是取得一定的效益。因此,这一原理在体育旅游管理的全过程中都有所体现。

管理的根本目的就是效益,也就是说,管理就是对效益的不断追求。通过进一步分析,可以将管理的效益解析为以下几个方面:

第一,在效益的追求中应该追求长期稳定的高效益。

第二,追求局部效益与全局效益协调一致。

第三,要确定管理活动的效益观,即要以提高效益为核心。

第四,在实际工作中,管理效益的直接形态是通过经济效益而得到表现的。

第五,管理效益的影响因素很多,其中具有相当重要作用的是主题管理思想正确与否。

5. 责任原理

责任原理的主要目的有两个方面：一个是组织目标的实现，一个是人的潜能的挖掘。然后在合理分工的基础上，来将各个部门及个人必须完成的工作任务和必须承担的与此相适应的责任明确规定下来。

要强调的是，在体育旅游资源管理过程中，一定要对责任原理有深入且充分的理解和认识，并对其进行有效应用。具体来说，就是要在管理过程中做到职责明确、授权合理、奖惩分明和管理规范这几个方面的要求。

6. 竞争原理

在管理过程中应促进人与人之间的良性竞争，通过竞争来激发人们的工作热情和人的进取精神，就是所谓的竞争原理。另外，通过竞争，对人的潜能挖掘，人的能力提升都会起到积极的推进作用。

在体育旅游资源管理过程中应用竞争原理时，为了保证应用效果，需要注意以下几个问题：

第一，竞争的主要目的在于增进交流、互相提高。竞争过程中的互相交流和互相提高，是竞争原理强调的重点所在。

第二，使投机取巧、不正之风得到尽可能地避免。在体育旅游资源管理过程中，不管在哪个环节中，都必须严格要求按章办事、依法办事，做到既不姑息又不失准，使其公信度得到保证。

第三，评价或制裁过程中一定要严格遵循公平、公正的原则进行。可以说，评价或制裁制度本身是就一项管理制度，在竞争过程中，如果对工作人员的表现进行客观的有效评价，能更好地对其产生激励作用。

二、体育旅游资源可持续发展的基础理论

（一）体育旅游资源可持续发展的内含解析

当前,体育旅游已经成为社会发展中一个亮眼点,其是社会发展的结果,同时也是满足社会需求的一个重要突破口。从某种意义上来说,体育旅游的发展对经济发展起到积极的推动作用。

关于体育旅游资源可持续发展的概念界定,可以从以下几个方面理解:

1990年,在"全球可持续发展大会"上,《旅游可持续发展行动战略》草案被提出来,可持续旅游的基本理论框架便被构建了起来。

1995年,可持续旅游发展世界会议,在会议上通过了《可持续旅游发展宪章》和《可持续旅游发展行动计划》。

1996年世界旅游组织(WTO)、世界旅游理事会(WTTC)与地球理事会(EARTH COUNCIL)制定了《实现环境可持续发展的旅游业21世纪议程》,其中就将旅游的可持续发展指了出来:在保护和增强未来机会的同时满足现时旅游者和旅游目的地的现实需要。

关于旅游可持续发展的概念,世界旅游组织在《旅游业可持续发展——地方规划指南》中将其界定为:在维持文化完整、保护生态环境的同时,满足人们对于经济、社会和审美的要求。

（二）体育旅游资源可持续发展的基本原则

体育旅游资源的可持续发展,就是为了保证体育旅游资源的完整性与延续性,而提出了科学合理管理各种旅游资源的要求,从而使生态环境的平衡得到保证。

体育旅游资源可持续发展,不仅要保持其良好的生命力,还

要尽可能使人们在这方面的各种需求也都能得到有效满足。

1. 公平性原则

公平性原则在很多方面都有所体现，可以大致归纳为以下三个方面：

（1）体育旅游资源分配方面的公平性。

体育旅游资源的存在并不是笼统的，是需要在特定的区域内有所区别地存在的。其具有法律允许的开发相应的旅游资源的权利，但是同时，也要将不使开发活动危害其他人与地区环境的义务肩负起来。

（2）原住民方面的公平性。

在对体育旅游资源进行开发和挖掘时，也要适当为当地的原住居民提供生存与发展的机会，这样，能够在使其享受到旅游资源开发的利益的同时，也做好体育旅游资源的开发工作，一举两得。除此之外，还要注意将原住民把自己的发展纳入景区的持续经营之中，在发展机会公平的前提下，一定要将公平的责任、义务承担起来。

（3）代际间方面的公平性。

在进行体育旅游资源的开发时，不能只关注眼前利益，更要考虑长远利益，更不能剥夺后代人公平利用自然资源的权利。在体育旅游资源管理过程中，一定要妥善处理现代利益与继任者利益之前的冲突，用发展的眼光，将其长远的发展作为关注的重点。

2. 持续性原则

发展是要遵循可持续原则的，体育旅游发展所遵循的持续性原则，主要是指旅游资源开发和旅游业的发展要控制在生态系统的承载力范围内，以满足本代人的需求而掠夺性地开发旅游资源的行为与持续性发展是相悖的，是不允许的。

从旅游可持续发展理论的角度来说，其把人类赖以生存的地球看成是一个自然、社会、经济、文化诸多因子构成的复合系统，提出了人与自然和谐相处的主张。

第三章　体育旅游资源的管理与可持续发展

一般的,要保证体育旅游资源管理的持续性,需要从两个方面着手:

一方面,体育旅游资源的可持续发展,必须对旅游在区域发展中的功能作用以及与相关子系统功能匹配这一要素加以考量,主要是超越客观条件的超前发展和人为限制旅游业发展的做法,不管具体是什么样的形式和内容,都会严重阻碍体育旅游资源可持续发展,是一定要严禁的。

另一方面,要首先对体育旅游资源的不同类别与属性差别加以了解和掌握,然后遵循针对性原则,协调资源开发、保护与人类旅游需求的关系,科学、合理地规划、开发与保护好珍贵的旅游资源,从而将其应有价值更加深入地挖掘出来,并尽可能地延长其使用寿命,对体育旅游资源的可持续利用起到促进作用。

3. 协调性原则

在旅游业发展过程中,旅游业与经济社会发展水平之间的关系也是需要考量的重要方面,除此之外,也不能将生态环境对旅游业发展规模、档次的承载能力忽略掉。

旅游资源的市场、等级和结构等情况也会对体育旅游资源发展产生影响,要进行深入分析和考量,从而积极促进体育旅游资源的健康、协调、可持续发展。生态、经济与社会的协调发展是可持续发展的前提,没有协调发展,体育旅游资源的可持续发展就不可能实现。

4. 共同性原则

旅游可持续发展的共同性,对人们提出了较高的要求,具体来说,就是要求在实现旅游可持续发展这一总目标时,一定要采取全球共同的联合行动。

大部分的资源和环境问题都具有全球性或区域性的特点。因此,只有将巩固的国际秩序和合作关系建立起来,全球的可持续发展这一目标才有可能实现。而这一目标的实现,是需要在建立普遍的合作关系的基础上才能进行的。这就要求在旅游业的可持续发展过程中,应果断摈弃狭隘的区域观念,同时,进一步加强国家间的交流与合作,用现代化的旅游发展的技术、信息与现代管理手段,使全球旅游业的繁荣和发展得以早日实现。

第二节　体育旅游资源管理的实施

一、体育旅游资源的产权管理

(一)体育旅游资源产权概述

1. 产权

在理解体育旅游资源产权之前,首先要对产权有所了解。一般的,从经济学的角度上,可以将产权的概念界定为:物的存在及其使用所引起的人们之间相互认可的行为关系,并不是人与物之间的关系。

产权,从某种程度上将人与相对应的物的行为规范确定了下来,对于所有的人来说,都必须遵守相互之间的关系。由此得知,人与人之间的经济权利义务关系,确定了人相对于某一资源使用时的地位的经济和社会关系,就是所谓的产权。产权具有独特的属性,主要表现为排他性、有限性、可交易性等。

2. 体育旅游资源产权

通过对产权的理解,可以将体育旅游资源产权定义为:体育旅游资源在开发、管理、利用、保护等过程中,调节地区与部门之间以及法人、集团和国家之间使用旅游资源行为的一套规范的规则。

通过进一步的分析,可以对体育旅游资源产权的内容有更深入的了解。

(1)从狭义上来说,所有权,就是指旅游资源的终极性以及

第三章 体育旅游资源的管理与可持续发展

归属性特点。

（2）使用权，其主要包括两方面：一个是消费性使用，一个是生产性使用。

（3）管理权，其对如何使用旅游资源的权利起到重要的决定性影响。

除了产权的一般属性之外，体育旅游资源产权还有其自身特有的属性，比如社会公益性、外部性、内生性等。

（二）体育旅游资源产权管理相关理论

一般的，与体育旅游资源产权管理相关的理论主要有以下几个方面：

1. 公地悲剧理论

公地悲剧理论的主要观点为，当很多人对于一项共同的资源都有一定的使用权时，就会存在过度使用资源的激励，人人都有这种倾向，则人人都享受不到共同资源的好处。一般的，可以将公地悲剧理论的论证和解释归纳为三个方面：集体行动逻辑、哈丁牧场模型和囚犯困境博弈（表3-1）。

用公地悲剧理论来对体育旅游资源经营权问题进行解释，这里要强调的是，在资源开发和管理过程中，个人的理性选择造成了集体选择的非理性，使得资源的恶化和非持续发展，从而揭示出了集体利益受损的情况。

表3-1 公地悲剧理论研究总结

理论模型	主要研究者	主要结论
牧场模型	哈丁	界定不清的模糊产权引起的最严重的激励问题，当许多人都有权使用一项共同的资源的权利时，就存在过度使用这项资源的激励
集体行动模型	奥尔森	提出理性的、寻求自身利益的个人将不会为实现他们共同的群体利益而采取行动
囚徒困境模型	道斯	每个定居者都会根据个人利益最大化选择背叛策略，可得到的均衡结果却是较差的

2. 外部性理论

经济学家对外部性理论的理解为,在生产和消费活动中,消费者和生产者的具体消费活动产生的各种利益和损害并不是消费者和生产者个人所获得或承担的,其将会对外部环境产生一定影响。

如果某项事物或活动对周围事物造成良好影响,同时还会使周围的人从中获益,但是行为人并未从周围取得额外的收益,这就是外部经济性。

而外部不经济性,所指的是某项事物或活动对周围事物造成不良影响,而行为人并未为此付出任何补偿费。

政府在进行体育旅游资源管理时,首先要做的是细致分析其外部经济性和不经济性,对其进行全面的协调管理。如果不能对经营所造成的外部不良影响进行控制,就会对整个社会造成不良的影响。因此,是非常有必要将避免经营造成的外部不经济性行为的约束机制构建起来的。

3. 公共选择理论

公共选择理论的主要观点是,政府的行为具有显著的强制性特点,但是并不是任意和非理性的,其强制性权利来自于公共选择的结果,是人们为增进社会和经济福利需要而做出的选择。

一般的,政府对经营管理进行干预往往会借助于一定的方式,具体如下:

第一,直接行动。政府通过这种方式,能够将相应的企业建立起来,然后进行相应的生产活动,也可以从私营部门来将相应的产品购买进来。

第二,间接管理。政府借助于这种方式手段将经营权下放到相应的有关部门。

第三,行政命令。政府通过这种方式来要求私人部门采取政府希望的行动。

第四，综合运用以上各种手段。

(三)体育旅游资源产权管理的路径

在进行体育旅游资源产权管理时，需要选用相应的路径来进行，具体可从以下几个方面着手进行：

1. 完善法律体系，采用一元化的垂直领导方式

在体育旅游资源的管理过程中，完善的立法是各种旅游资源管理模式取得相应成效的重要基础；而与此同时，采用一元化的领导管理方式能够进一步独立出管理权限，如此一来，就能使得领导管理能够在权威性的基础上使权限与责任的和谐统一得以实现。

2. 将管理权与经营权分离开来

政府将体育旅游资源的经营权限和管理权限分离开来，这一做法的好处在于能更合理地利用各种体育旅游资源，并有效提升体育旅游资源的管理水平。而且，这样做还能使体育旅游资源的经营部门在自身文化的开发上的专注力更强，不断提高经营的科学化程度，有效促进服务水平的增加。除此之外，政府通过采用授权运作的形式，能够在一定程度上为游客提供便利，使体育旅游资源的利用效率得到有效提升。

3. 政府资金支持的力度要进一步加大

从国家财政部门入手，增加对相应的部门的资金支持，降低相应的门票和价格，由此来积极促进体育旅游资源社会福利性的发展。但是需要强调的是，采用这一策略时，必须具有雄厚的经济实力。

二、体育旅游资源的信息管理

(一)体育旅游资源信息管理概述

1. 信息

信息,有广义和狭义之分。这里所说的信息,就是指广义上的信息,具体来说,是指人类社会传播的一切内容。它对客观存在的事物的状态和特征等方面进行描述,从而使人们对事物的存在方式和运动状态有更好的了解。

2. 体育旅游资源信息管理

在体育旅游资源的管理过程中,信息管理只是其中的一个方面。体育旅游资源包含着丰富的信息内容,比如,其自身的各种信息,以及交通、娱乐、住宿等各方面的信息等。

体育旅游资源的信息是数量众多且种类繁多的,并且其信息的传播对象也具有显著的多样化特点,鉴于此,其所涉及的范畴比较广泛,可以说,与体育旅游相关的各种服务人员以及形形色色的游客都属于这一范畴。

与其他类型的资源信息相比较而言,体育旅游资源信息本身所具有的显著特点主要表现在海量性、不易传播性、综合性和层次性等方面。

体育旅游资源信息管理,某种意义上是对各种信息进行开发、规划、控制、集成、利用的一种战略管理。通过信息的管理,能够使管理者、经营者和消费者三方面对体育旅游资源信息的各方面需求得以顺利实现。

第三章　体育旅游资源的管理与可持续发展

（二）体育旅游资源信息管理系统

1. 体育旅游资源信息管理系统的涵义解析

体育旅游资源的信息管理系统有着非常重要的功能，主要表现为对旅游资源及相关信息进行采集、储存、管理、分析、模拟和显示，为人们掌握旅游信息、进行决策和开展各种服务活动提供便利。但是，这些功能的实现是需要建立在由各种地图、文字、图像等信息构成的数据库的基础上的。

某种意义上来说，体育旅游资源信息管理系统是隶属于管理类信息系统的，其与传统的信息管理系统之间存在着较大差别。

与一般的信息系统对比来说，体育旅游资源的信息管理系统对数据的处理具有空间特征，利用地理信息系统的各种功能实现对具有空间特征的要素处理分析，如此一来，就能有效达到管理区域系统的目的。

2. 体育旅游资源信息管理系统的结构与内容

体育旅游资源信息管理系统的总体框架结构主要分为系统层、数据层和用户层这三个方面，其都包含着各自的具体内容。

（1）系统层及其内容。

系统层的硬件方面：需根据系统要求选择配置较高、硬盘容量较大的电脑，此外还需配置数字化仪、扫描仪、打印机、数字通信传输设备等辅助设备。

系统层的软件方面：主要包括计算机操作软件、数据库软件、应用软件和网络软件。

（2）数据层。

① 数据库结构。

在体育旅游信息资源管理系统中，数据库是处于核心位置的，它的存在能够有效保证系统的各项功能的实现，而数据库的科学性和合理性则对工作的效率产生较大影响。数据库的建设应注重提高信息查询和处理系统的效率。数据库通常可以分为两种类型：一种是空间数据库，一种是属性数据库。

② 功能模块结构。

旅游资源的信息管理系统的构成模块有很多，其中，用户管理模块、数据管理模块、数据录入模块等都属于该范畴，并且其都包含着各自具体的内容。

（3）用户层。

旅游资源信息管理系统面对的终端用户主要有旅游者和政府、旅游企业这两大类。对于旅游者而言，他们需要对旅游目的地旅游资源的详细情况进行全方位且真实的了解，这样才能将最佳的旅游线路制定出来；对于政府和旅游企业而言，需要准确的旅游资源统计、分析、预测信息，如此一来，才能为深层次的旅游开发、旅游管理提供决策依据。

（三）体育旅游资源信息管理系统的应用

关于体育旅游资源信息管理系统的应用，可以大致分为以下三种情况：

1. 应用于旅游资源的普查、评价工作中

体育旅游信息管理系统在相应的普查和评价工作中得到广泛应用。在管理过程中，能够通过先进的现代化手段将手工劳动替代下来，收集、整理、整合分析相应的体育旅游信息，提高办事的效率，从而使体育旅游资源信息的利用得到有效保证。

2. 应用于有关部门对旅游业的管理、监控工作中

通过体育旅游资源的信息管理系统的应用，能够对体育旅游资源的利用状况进行动态的监控，并对其进行科学的评价，从而为相应的管理部门制定决策提供相应的依据。

3. 实现旅游资源信息共享

体育旅游资源信息能够为多个相关部门提供其所需要的相关数据和资料，这主要包括政府、开发规划部门，以及各学校、科

第三章　体育旅游资源的管理与可持续发展

研机构等,这对于体育旅游资源的研究来说,有着重要的依据和支持作用。与此同时,还能为旅行社以及旅游业相关部门甚至旅游者提供各种信息,从而使体育旅游资源信息共享得以实现,积极促进体育旅游业的全面发展。

三、体育旅游资源的质量管理

(一)体育旅游资源质量管理概述

1. 质量

质量,是质量管理工作中最基本也是最重要的概念之一。从另一角度上,也可以将质量理解为其在使用过程中顾客的满足程度。

2. 质量管理

质量管理与科学技术和生产力发展水平是密切联系的。一般的,可以将质量管理的发展过程大致分为产品质量检验阶段、统计质量管理阶段和全面质量管理阶段。

质量管理是"指挥和控制组织与质量有关的彼此协调的活动"。质量管理所包含的活动内容主要有以下几个方面:

第一,制定质量方针。

第二,制定质量目标。

第三,制定质量策划。

第四,进行质量控制。

第五,质量保证和改进。

3. 体育旅游资源质量

"旅游资源个体或组合体固有特性满足需要的程度",就是所谓的体育旅游资源质量。体育旅游资源质量与一般意义的工业产品质量之间是有所差别的。具体来说,体育旅游资源在生产过程中是不需要经过化学、物理作用发生形态、结构和功能的变化的,只要适当改变其外部条件就可以供旅游者进行游览并进行质量评价。

旅游资源质量主要有三个要素组成,即旅游资源类型特色、结构规模和价值功能,具体可以分解为诸如完整度、审美度、奇特度、价值度、组合度、规模度等方面。

4. 体育旅游资源质量管理

作为旅游质量管理的核心,旅游资源质量管理的内容主要有对旅游资源的保护和开发利用等,其中对旅游资源的质量要素、质量特性和质量等级,以及对旅游资源开发利用的过程(或程序)分析等,都将系统工程的复杂性体现了出来。而且,旅游资源管理要突破旅游资源这一局限性,要从更加广阔的角度上来对旅游环境加以考虑。

(二)体育旅游资源标准质量管理

1. 标准

标准是对重复性事物与概念所做的统一规定,要综合考虑科学、技术和实践经验等各方面因素。

2. 体育旅游资源标准

体育旅游资源的开发、服务的提供等方面标准的建立,主要目的在于积极促进体育旅游业的健康发展。通常,为了更加深入、直观地理解这一方面,可以将这个过程分为四个阶段:旅游资源及其环境与开发条件的调查、旅游区规划、旅游产品开发和旅游景区运营。这几个阶段之间并不是相互独立的,而是相互衔接的。

为了旅游资源的有效保护和开发效益最大化,在建立各阶段的工作标准的基础上,还需要将各阶段的管理标准建立起来。目前,我国在这方面的国家标准有很多种,都对相应的标准进行了相应的说明。

（三）体育旅游资源全面质量管理

关于体育旅游资源的全面质量管理，所涉及的内容主要有以下几个方面：

1. 质量规划

体育旅游资源的质量规划隶属于旅游总体规划，能够为旅游业发展提供重要的导向作用。旅游资源开发和利用是在旅游规划的基础上进行的，质量规划则会直接影响到产品和服务的质量。

在规划旅游质量时，要积极借助先进的技术手段，对体育旅游资源进行监管和控制，根据其不断发展变化来积极修编旅游资源与环境的规划，实现旅游资源的动态管理。体育旅游资源管理组织一定要对旅游规划加以重视，并以此为起点，形成质量的持续改进。

2. 质量管理

为了实现对于质量的科学管理，要将相应的质量管理责任制建立起来并不断完善，从而充分发挥出组织管理的应有功效。旅游资源的管理组织结构具有显著的复杂性特点，要将各部门和员工的责任和权限作出明确规定，这样才能使其管理的科学性得到保证。在管理过程中，应做到人人有专责，并完善对于工作的检查、监督体制。

具体来说，在进行体育旅游资源的质量管理时，要从不同层面出发，采取相应的管理措施。

第一，从社会层面上来说，有关新闻机构、社会公益组织需要通过宣传教育活动，来使公民提升自身保护环境和文明旅游的意识，从而使他们养成自觉保护旅游资源与旅游环境的良好习惯。

第二，从行业管理层面上来说，有关行业协会组织和国家业务主管部门要通过各种方式和手段，制定相应的管理措施，来积极推动旅游资源的标准化管理，而政府特别是地方政府要注意因地制宜形成旅游资源管理政策。

第三，从景区管理层面上来说，要以国家的相应政策、法规、行业标准等为依据，来有效推进制度化管理的实施。

3. 质量保障

在体育旅游资源的质量管理过程中，旅游资源的立法、执法与司法保护，能够为其质量管理提供必要的保障。

具体而言，我国在这方面的法律法规主要包括以下几方面：
（1）旅游环境管理法规。
（2）文物资源管理法规与历史文化名城管理法规。
（3）爱国主义教育基地和革命烈士纪念地（物）管理法规。
（4）宗教活动场所管理法规。
（5）风景名胜区管理法规。
（6）森林和草原管理法规。
（7）自然保护区管理法规。
（8）动植物资源管理法规。
（9）旅游度假区、游乐园（场）管理法规。

第三节 体育旅游资源的可持续发展

一、体育旅游资源可持续发展的必要性

在旅游业发展过程中，一些开发者往往只看中经济效益，而忽视了对资源的保护，环境污染、人为破坏等各种各样的问题不断出现。这些问题都会对体育旅游产业的健康发展产生非常大的影响，亟需妥善解决。这也是要进行体育旅游资源可持续发展的重要原因所在。

体育旅游资源遭到破坏的原因是多方面的，下面就对其加以分析，为采取相应的管理和保护措施提供必要的依据。

第三章 体育旅游资源的管理与可持续发展

（一）自然力破坏

在自然环境下，风吹日晒、雨打霜冻等自然现象会在一定程度上破坏体育旅游资源。而地震、洪水、泥石流等频发的自然灾害，更会导致体育旅游资源的灾难性破坏。除此之外，还有一些自然动物，如鸟类、白蚁等，也都在一定程度上威胁着体育旅游资源的安全。

（二）人为性损害

1. 建设性破坏

当前，在体育旅游资源开发的过程中，要想照顾全面、做好整体规划是很难的。对于大多数的旅游地建设来说，体育项目与旅游资源在总体开发上不协调，景观和文物开发、利用多有失误的现象仍然普遍存在。

我国地域广阔，尽管交通便利、经济发达地区的体育旅游资源占据了绝大部分，但是，仍有很多体育旅游资源存在于偏僻的地方，需要进行人为的建设和开发。由于经济、技术、人员等方面的局限性，许多自然的体育旅游资源在开发过程中就会遭到严重的破坏，从而导致一个风景区尚未建设好，却已被破坏得非常严重。不仅如此，对体育旅游资源开发的统一规划上仍然存在着不足之处，正是因为如此，在开发的过程中，一些原本具有较高价值的体育旅游资源遭到严重程度的破坏，这也使其旅游价值大打折扣，达不到预期的效果。

2. 游客破坏

游客破坏是体育旅游资源人为性破坏的主要形式，具体包含以下三方面内容：

第一，当地人对林木的乱砍滥伐，开山挖石，偷猎贩卖稀有动物，盗掘破坏古墓、文物。

第二,部分旅游者在文物上乱写乱画、涂抹,乱扔、乱放垃圾。

第三,体育旅游企业的开发与管理不到位,接待游客密度过大而造成过度消耗和磨损。

体育旅游资源在遭受破坏时,人所产生的影响力是最大的,甚至造成的破坏是毁灭性的。因此,这就要求加强对体育旅游资源的管理,尽可能避免管理中失误的产生,通过借助媒体等媒介来大力宣传环境保护的重要性以及旅游资源的价值,并且进行正确价值观的引导,从根源上避免游客破坏行为的产生。

3. 过度开发

体育旅游资源遭受破坏的另一个原因是对体育旅游资源的过度开发。对于一些世界文化和自然遗产的旅游景区来说,由于宾馆、商店、交通索道、人造景观等非遗产建筑物或构筑物的大量兴建,导致了这些景区的人工化、商品化和城市化,从而使资源的真实性和完整性都遭到了严重的破坏。可以说,杜绝过度开发,是体育旅游资源的可持续发展的一个基本要求。

二、体育旅游资源管理与保护的主要措施

(一)做好区域旅游规划

要对某一事物加强保护,防患于未然的预防是首先要采取的重要举措。对于体育旅游资源管理与保护来说,这是处于基础地位的,在开发体育旅游资源前,要对体育旅游资源的各方面进行细致的可行性分析,不可盲目进行。

在对体育旅游资源进行相关规划时,需要综合考虑相关因素,具体有以下几个方面:

(1)体育旅游活动会对自然旅游资源的破坏性程度及产生的直接影响。

(2)通过什么样的管理和保护,能够使破坏程度有所降低,

第三章　体育旅游资源的管理与可持续发展

或者得到有效避免。

（3）体育旅游活动项目与整个景区的景观是否协调一致。

（4）对当地现有的水陆交通工具和运输量,宾馆、项目等各方面进行详细的分析和预测,并制定出开发的计划和应对破坏的具体方案。

（二）端正态度并加强保护

对体育旅游资源的保护应坚守以"防"为主,以"治"为辅,将"防"与"治"有机结合起来,综合利用法律、行政、经济和技术等手段,进一步提升体育旅游资源的管理和保护力度。

在管理过程中,要积极采取相应的技术措施,来有效预防因自然原因而可能带来的危害。对于因条件限制不易采取类似措施的旅游资源,则应经常检查,对发现的问题及时进行治理,尽量将破坏程度降到最低。

（三）做好人为破坏的防范工作

人为破坏,会对体育旅游资源的健康有序发展产生重要影响。在对体育旅游资源进行开发管理保护时,要对以下几方面的问题加以注意：

一方面,旅游参与者的旅游资源保护意识要注重培养,加强相应知识的宣传,使旅游者的基本素质得到全方位的提升。

另一方面,对于体育旅游管理者和旅游地居民来讲,对开发和建设的决策者,旅游业的经营者,或是普通的旅游者与当地居民都非常重要,只有大众对体育旅游资源的重要性有了充分的认识,并且意识到这是千百万年自然造化与人类文化遗产的精髓,了解人类生存与自然的关系,才能从根本上达到保护体育旅游资源的目的。

（四）建立健全相关的法律法规

我国先后颁布了关于旅游资源保护的法律法规,加大执法力度,对损害和破坏旅游资源的单位和个人给予行政处罚和经济处罚,对造成严重破坏者,追究有关人员的法律责任。这能够对体育旅游资源的保护提供制度上的保障。

另外需要强调的是,在实践过程中,相应的法律法规的贯彻和执行也是需要关注的重点。

第四章 山地户外体育旅游资源整合与发展研究

户外体育旅游资源包含的内容非常多,山地户外体育旅游资源是其中一个典型代表。我国地域辽阔,地形种类繁多,有着丰富的体育旅游资源。山地,是我国众多地形中非常突出的一种地形,这就为山地户外体育旅游的发展创造了良好的条件。本章首先对山地户外体育旅游的起源与发展、相关理论、发展状况进行分析和阐述,使人们能够对我国山地体育旅游有一个全面且深入的了解和认识;同时在此基础上,对比较具有代表性的几个山地户外体育旅游资源进行研究,从而从具体意义上来为有效整合相关的体育旅游资源提供理论指导。

第一节 山地户外体育旅游的起源与发展

一、国外山地户外运动的起源与发展

山地户外体育旅游的发展源头是山地户外运动,而山地户外运动与户外运动几乎是同时发展起来的。

在18世纪以前,人们怕接近高山,对高山一直持有恐惧和敬畏的心态。工业革命时期,一批实业家和企业家出现,成为社会新阶层,其中部分人为追求另一种刺激,将荒野的高山地区作为旅游目的地。如此一来,经典旅游就开始逐渐向观光旅游转变和发展。同时,这种旅游风格上的变化以及高山地区社会的发展,

为后来兴起的户外体育项目奠定了基础。

19世纪中后期,户外运动才开始真正诞生,比如,滑冰、爬山、徒步旅行。世界上最早的户外运动俱乐部是在德国（1857年）产生的,确切来说,这是一个民间组织,所涉及的运动项目主要有登山、徒步,可以说,这是现代户外运动俱乐部的雏形。

18世纪90年代,一批新的冒险旅游者开始痴迷于高山滑雪运动,随后,爬山和登山也受到人们的青睐。登山成为新的旅游方式以后,登山者开始开发登山技术。但是,当时的设备非常简陋,直到第二次世界大战前后,这些登山运动的技术才得以发展,攀岩和野营逐渐有了雏形。自此之后,户外运动开始由民间探险旅游向专业方向发展,逐渐演变为一种体育项目。

在西方户外运动工业化和城市化发展的推动下,现代户外运动逐渐实现了大众化发展。

二、我国山地户外运动的发展历程

一般的,可以将我国山地户外运动的发展历程大致分为以下几个阶段：

（一）探索学习阶段

最早的户外运动,指的主要是登山探险运动。1956年,我国第一支国家级登山队——中华全国总工会登山队组建成功。1957年6月,中华全国总工会登山队登上了四川西部海拔7 556米的贡嘎山顶峰。这是我国登山运动员第一次独立组队进行的登山活动,同时这也标志着中国登山运动开始进入到了一个新的发展时期。

1958年4月,我国登山运动协会成立,与此同时,也制定出了"中国登山运动结合高山科学考察为经济建设、国防建设服务"的方针。由此可见,我国登山运动协会的主要职能在于为科学考察服务、为政治服务,以提高我国体育在世界上的地位为主要目标,进一步弘扬"勇攀高峰"的体育精神。

中国登山活动的发展是迅速的,很快,中国登山运动就跻身于世界前列,主要标志就是1960年中国登山队首次从北坡登顶珠穆朗玛。1988年12月,李致新、王勇峰、金庆民(女)三人与美国登山家联合,一举登上了南极文森锋,这也是中国人去海外登山探险的迈出成功的第一步的重要标志。

在这一时期,还有一些其他一些在欧美流行的户外运动开始传入我国,较为典型的有攀岩等。但是,由于各种因素的制约,其普及程度比较低。

(二)兴起阶段

我国民间户外运动,是从20世纪90年代开始在高校中出现的。1995年前后的登山队,主要是由一些大学的学生组成的。20世纪50年代末,北京一些高校积极响应党的"发展体育运动,增强人民体质"的号召,相继成立了登山队,这不仅丰富了学生的学习内容,同时,也为我国培养了一批批优秀的国际登山健将运动员、优秀卓越的登山、户外运动管理者。从某种意义上来说,这也为中国民间登山探险活动开辟了新纪元。

后来,户外运动逐渐在社会上得到发展,并成为一项时尚的都市运动。

(三)快速发展阶段

在这一发展阶段,国家对户外运动的支持力度不断加大,并且在政策方面给予了较大的保障。比如,1999年6月13日,颁布的《中共中央国务院关于深化教育改革全面推动素质教育的决定》中指出:"学校教育要树立健康第一的指导思想,切实加强体育工作……"关注学生健康已成为学校体育课程改革的重要目标。2005年4月,山地户外运动被正式设立为我国正式开展的体育项目,并将其归属于登山项目的范畴,国家体育总局登山运动管理中心是其业务工作管理组织。同时,这也标志着我国户外运动正式进入规范发展的新阶段。

当前,随着人们生活水平的不断提升,人们尤其是年轻人,对具有惊险刺激、新颖奇特、张扬个性、充满想象力等显著特点的山地户外运动的关注程度不断提高,并且这些项目逐渐走进人们的生活中,较为典型的有:登山、攀岩、徒步、穿越、溯溪、溪降、漂流、越野自行车、探洞、野外生存、拓展运动等。就目前的情况而言,山地户外运动、山地户外体育旅游在中国的发展还处于初级阶段。但我们相信,山地户外运动的发展前景是非常理想的。

第二节 山地户外体育旅游的基本理论

一、山地户外体育旅游的概念

在理解山地户外体育旅游的概念之前,首先要对户外运动以及山地户外运动的概念有所了解。

（一）户外运动

某种程度上来说,户外运动是户外体育运动项目部类和旅游、教育、科学探险部类的有机结合,是两方面结合、渗透、融汇后创新而形成的一组新生项目群。

国家登山中心对户外运动的定义为:"户外运动是一组以自然环境为场地的带有探险性质或体验探险的体育运动项目群。"

（二）山地户外运动

关于"山地户外运动"的概念,通常将其界定为:在自然场地进行的一组集体项目群。

以地形的不同为依据,可以将山地户外运动分为几个系列:

（1）登山、攀岩系列:包含的项目主要为以登顶为目的的攀高运动，以及攀岩、岩降等。

（2）峡谷系列：包含的项目主要为溯溪、溪降、搭索过涧、漂流等。

（3）高原探险系列：包含的项目主要为洞穴探险、高原徒步、高原峡谷穿越等。

（4）丛林（森林、雨林）系列：包含的项目主要有定位与定向、丛林穿越、丛林宿营、丛林觅食、野外生存等。

（5）荒原系列：包含的项目主要为沙漠、戈壁进行的穿越、生存等。

（6）群体运动系列：包含的项目主要为群众性登山、登高等。

（7）水平运动系列：包含的项目主要为山地自行车穿越、定向、直排轮滑、公路赛跑、公路徒步等。

（三）山地户外体育旅游

从对户外运动和山地户外运动概念的解析，并且结合旅游特征，可将山地户外体育旅游的概念界定为：山地户外体育旅游是人们在闲暇时间，不借助任何交通工具，将山地等自然环境中的资源充分利用起来加以消遣、挑战的旅游活动，冒险性、刺激性特点显著。

二、山地户外体育旅游的类型划分

目前，我国开展的山地户外体育旅游运动名目繁多。按照不同的标准可以将其划分为不同的类型，具体如下：

（一）按照项目的运动特点划分

（1）休闲类：如露营、户外摄影、走扁带等。

（2）越野类：如越野跑、定向寻宝等。

（3）攀登类：如攀岩攀冰、高山探险等。

（4）划桨类：如漂流、独木舟、皮艇等。

（5）拓展类：如户外拓展、场地拓展等。

（二）按照山地户外体育旅游的形式和功能划分

（1）健身性山地户外体育旅游，如登山远足等。

（2）探险性山地户外体育旅游，包含项目有丛林探险、探洞等寻踪觅迹。

（3）挑战性山地户外体育旅游，包含项目有野外生存、极限登山、参加各种山地户外赛事活动等。

（4）消遣娱乐性山地户外体育旅游，包含项目有爬山，野营等。

（三）按照活动类别划分

（1）徒步/穿越。

（2）野外生存。

（3）野外拓展。

（4）山地运动，包含项目有登山、攀岩等。

（5）峡谷运动，包含项目有漂流、溯溪等。

（四）按照参与者身体能力划分

（1）技能类户外运动，包含项目有定向运动、攀岩攀冰等。

（2）体能类户外运动，包含项目有越野跑、野外穿越等。

（五）按照山地户外体育旅游过程中人和自然的联系程度划分

（1）自然类山地户外体育旅游，主要是指在大自然的环境中进行的各类体育旅游活动。

（2）半自然类山地户外体育旅游，这种类型的主要特点是对现代的工具的利用，典型运动项目有山地越野自行车、轮滑等。

三、山地户外体育旅游的特征

(一)体现出人与自然的和谐性

山地户外体育旅游的整个活动过程,都需要与自然的情况相结合并按照自然的规律和环境保护的观念来进行。人们在山地户外活动过程中,要想完成某些活动,不仅需要其拥有娴熟的技巧、必要的装备以及一定的身体能力,还要有很大的决心,并遵照活动场所的特点和自然规律进行,活动所处的环境会对活动的状况产生决定性的影响。

(二)个人意志和团队精神结合

山地户外体育旅游有着多种多样的形式和内容,比如,单人活动和团体活动,其中,前者能够充分展现出个人的意志与能力,后者则能有效培养和提升团队中的每一个人统一思想、团结协作、互相帮助、同甘共苦的精神和意志品质。参与者在山地户外体育旅游中所得到的真情实感和人情友爱会是刻骨铭心、终身难忘的。由此可以看出,山地户外体育旅游是一种对参与者能促进身心和谐健康发展的活动。

(三)挑战性与风险性同在

对于人类来说,自然环境往往是未知领域,具有显著的神秘性和危险性。山地户外体育旅游在这样的环境下进行活动,其挑战性、探险性和不可预期性特点非常突出。在山地户外体育旅游过程中,有很多方面的因素都会影响到活动的挑战性,这些因素主要为:第一,户外活动的场所和环境的危险水平;第二,参与者的身体条件、技巧的掌握以及其他一些能力;第三,个性特征等。

由于山地户外体育旅游活动是在自然环境中进行的,这就赋予了其环境和场所的不确定性以及变化性特点,这种变化性就为山地户外体育旅游带来了一定的挑战性。

需要强调的是,拥抱自然、挑战自我,培养个人的毅力、团队之间合作精神,提高野外生存能力等是山地户外体育旅游的终极目的所在,对冒险和刺激的追求只是其中的一个方面,切忌混淆,但也要正确对待活动所具有的风险性。

(四)需要掌握多元化的知识

山地户外体育旅游是一门综合性的学科,要求参加者具备多元化的科学知识、专门技术、生活技能和各种解决突发问题的技巧,这样,才能有效应对体育旅游过程中可能出现在各种问题和阻碍。在户外自然环境中,包括地理学、气象学、营养学等在内的各个学科的知识都要有所涉及,同时,还要熟练掌握和理解户外运动的技能技巧,为顺利、安全地参与山地户外体育旅游奠定坚实的基础。

(五)对体能、技术和技能都有一定要求

通常情况下,竞赛型山地户外体育旅游对参与者体能有全面、严格的要求。对于一般的山地户外体育旅游来讲,对参与者在技术、技能方面也有所要求。比如,外出徒步,需要提前了解行走线路的风险指数,各种地形的行走方式;露营需要有营地选择的技能;野外埋锅造饭的技能等。

第三节　山地户外体育旅游的发展状况

山地户外体育旅游商品流通领域中一切相关产品交换活动的总和,就是所谓的山地户外体育旅游市场。商品生产者、销售者、商品交换场所、服务的提供者和消费者等都属于这一范畴。

可以说,山地户外体育旅游的发展状况就是从其市场的发展状况中反映出来的。

一、山地户外体育旅游市场发展的环境背景分析

（一）社会经济环境分析

随着社会的不断进步与改革开放,我国经济进入到了快速发展的时期,人们的生活水平不断提升,休闲运动成为大众生活中非常重要的部分,出游就是可选择的休闲方式之一。同时,人们旅游休闲的消费意识和消费结构也发生了很大的变化,人们不再是需要单纯的观光旅游休闲,而是更多参与带有娱乐、体验和文化交流的旅游休闲活动。在这样的背景下,山地户外体育旅游应运而生,并且以其作用于人们的心理、生理、精神、文化等的多种功能而被人们所普遍接受,受到越来越多人的青睐。

（二）自然地理环境分析

山地户外体育旅游和自然地理环境之间的联系非常密切,需要强调的是,旅游项目的开展,是需要具备一定的自然地理条件的,否则便无法进行。

我国地大物博,山地资源丰富,不仅有陆山川资源、河流资源,还有冰雪资源、高山湖泊和冰川资源等,这就为山地户外体育旅游的开展提供了有利条件。

（三）交通运输环境分析

随着经济的增长,各项公共事业基础设施也随之增加,交通运输作为所有事业发展的基础性设施,也在很大程度上影响着山地户外体育旅游的发展。随着公路网和铁路交通的增加和扩大,以及航空交通的迅猛发展,高铁的出现,使人们出行外出更加方

便和快捷。交通运输设施的不断完善对旅游和山地户外运动的发展起到积极的促进作用,消费者去较远的地方体验登山、穿越以及其他山地户外体育旅游项目已经能够顺利实现。

从上述内容中可以看出,我国山地户外体育旅游市场已经逐渐走向成熟,尤其近年来政府部门相关政策的出台,大大推动了体育产业的发展,从而进一步带动了包括山地户外体育旅游在内的体育产业的发展。

二、国外山地户外体育旅游市场发展状况

(一)欧洲国家山地户外体育旅游用品市场的发展

欧洲山地户外体育旅游用品市场的发展,受到两个重要因素的影响,一个是与气候相关的地理位置,一个是关于工业化、城市化方面的。当人们走入城市生活越深入,与户外自然世界的关系越疏远,他们就越渴望回到户外自然世界里去,这一需求对山地户外体育旅游用品行业的发展产生了有效的刺激作用。

从品牌的角度来说,斯堪的纳维亚地区的户外用品有一个清新健康的形象,所有品牌都有非常鲜明的北欧文化标签,因此,这些往往能更容易被整个欧洲所接受。较为具有代表性的,如斯堪的纳维亚户外集团,成功在全世界范围内完成了对斯堪的纳维亚品牌的推广;荷兰和比利时的山地户外体育旅游用品零售专业化程度高,并且成功提升了其品牌接受度。

英国的山地户外体育旅游传统非常悠久。其相关产品的品牌,主要体现在户外用品上,并且形成了非常强的自身文化标签。

奥地利、德国和瑞士这几个国家在山地户外体育旅游市场发展方面特点非常相似。在户外用品方面,不管是零售还是综合性销售,它们都有着自身的品牌特点和优势。

意大利户外体育的开展,主要集中在北方地区,尽管其户外用品零售商规模比较小,但是,其品牌建设的专业性是非常突出

的。最为典型的是其鞋类上的专业性。

西班牙户外用品市场中,占据主导地位的是其国内品牌,除此之外,一些法国和意大利品牌也在其市场中占有重要份额。

近年来,欧洲市场越来越被关注,波兰、捷克等前东欧国家的户外用品也开始将其作为主要目的地。

随着自由贸易和全球经济一体化进程,户外背包、服装和鞋类等用品的生产逐渐向国外迁移。比如,罗马尼亚逐渐成为意大利品牌的新生产基地;北欧的品牌逐渐转移到波罗的海国家;其他欧洲国家则开始逐渐向亚洲发展。

(二)美国户外用品市场形态及其发展

根据不同的形态,可以将美国户外用品市场分为四种类型,每种类型都有其各自的发展特点。具体如下:

1. 狩猎用品店

这种形态的户外用品市场中,美国著名狩猎店"Bass pro"是比较具有代表性的,其在美国拥有26家连锁店。在其商店里,不管是小到火柴,还是大到汽车,全都有,再加上漂亮的店面装修,让人能切实感受到户外的美丽,这些也都成为促进其发展的重要因素。

2. 户外用品店

户外用品店在美国西部分布较广,其中所包含的商品主要与爬山、自行车运动、登山、钓鱼等相关。比如,篮球、羽毛球拍,以及户外运动的衣服、鞋子等。

3. 体育用品店

美国最大的体育用品店是"Sports Authority",连锁店达到了上千家,总部在芝加哥。在这些店里,可以买到户外用品,钓鱼用具、篮球、羽毛球拍、乒乓球拍等。

4. 枪店

在美国,枪支是开放的,只要有使用许可证成年人就可以购买。户外用枪中,主要有三种类型:手枪,打飞鸟的散弹枪,打一些大动物之类的枪。

三、我国山地户外体育旅游市场发展状况

(一)我国山地户外体育旅游的总体发展情况

近年来,随着各方面政策、制度等的大力支持,我国山地户外体育旅游市场扩大的速度越来越快,这也积极带动了户外旅游产业的较快发展。随着城市化进程的加速,越来越多的人尤其是年轻人将户外旅游作为休闲的主要选择,这就对户外旅游产业的发展起到积极的推动作用。

中国的消费人群是非常庞大的,巨大的人口基数为户外旅游市场的发展奠定了坚实的群众基础,同时,也预示着其发展市场是巨大的。同时,中国的自然旅游资源丰富,为户外旅游发展奠定了绝佳的先天基础。

从当前的形势来看,尽管户外旅游用品市场在整个体育用品中市场所占份额并不大,但是,其却有着非常大的发展空间。相信在不久的将来,户外体育旅游市场会不断发展,并不断满足消费群体的相关需求,发展前景良好。

(二)我国山地户外体育旅游市场形态与分类

1. 户外用品企业

20世纪80年代末到20世纪90年代初,中国户外旅游产品开始发展,当时部分军用品、劳保物资经过改造之后就成为最初的户外旅游用品。随着户外旅游的迅速发展和普及,我国的户外用品业也开始逐渐向规模化方向发展。

第四章 山地户外体育旅游资源整合与发展研究

尽管当前我国户外用品行业发展迅速,与制造强国之间的差距还是非常大的,需要在各个方面都加以努力。当前,相较于一直在技术上领先,并占领中国户外旅游用品市场主要位置的国外品牌来说,我国户外用品行业中少有产值超亿元的企业,多数厂家技术研发的能力有限,仍停留在制造加工阶段,自主品牌的支撑较为欠缺,其整体的市场发育程度与规模有待提升,散、小、弱的状况需要改变。

2. 户外用品店

近年来,我国户外用品店已经得到了不断发展,并且增长速度可观,部分省、市、地区的户外用品市场发展已经从中心城市逐渐向全省辐射。户外用品店,不仅仅是专门的门市店铺,还有一些在大城市的大型商场里面开展户外卖场,这就为体育消费者提供了方便快捷的购物方式。目前户外旅游产品的经营模式有很多,比如大型商场(专卖柜)、大型的多运动品牌专卖店、批发集贸市场、邮购公司、网上商场、专卖店等。其中,"专卖店+俱乐部"的渠道模式的销售优势是最为显著的。

3. 户外俱乐部

据不完全统计,目前我国户外俱乐部已有上千家之多。户外旅游俱乐部往往是以四种形式而存在的:工商部门注册的企业法人;在民政部门注册的民办非企业类社团;互联网为平台的户外旅游爱好者;隶属于学校或事业单位的群众性社团。其中,绝大部分的俱乐部实行会员制的经营方式。由于户外旅游在国内发展时间较短,户外旅游俱乐部的服务质量参差不齐,这类俱乐部普遍存在着缺乏专业性的问题,这也是未来要解决的重要问题。

4. 户外运动赛事

目前,高山探险、攀岩、山地户外运动和拓展等四个大项是我国主要的户外运动项目,除高山探险活动外,攀岩、山地户外运动和拓展等也都有其各自的相关赛事。只不过有的项目由于尚未立项,比赛的次数较少。而高山探险、攀岩和山地户外运动的发展水平不同,其活动或比赛的层次上也有所差别。

高山探险活动有着丰富的层次划分,比如,可以以探险者的国籍为依据,将高山探险活动分为外国人来华登山和国人国内登山;以所探险山峰的高度为依据,可以分为 5 000 米以上、7 000 米以上等高山探险;以户外活动的目的为依据,可以分为休闲类登山和非休闲类登山等。

除此之外,攀岩和山地户外运动比赛在层次上也是呈现出多元化特点的,比如,因为运动员水平的不同,其有国际级和国家级之分;因为运动员年龄的差异,其有成人比赛和青少年比赛之分等。

户外活动和户外运动赛事是户外旅游市场发展的中坚力量。从当前的形势来看,我国的户外活动所包含的内容主要有两个方面,即高山探险和群众性户外活动。

5. 户外旅游培训

由于户外旅游是在自然环境中进行的,自然环境的不确定性以及内容的复杂性、多样性,就决定了户外旅游的风险性特点,这是需要参与者必须面对的重要方面。对于户外旅游来说,安全是必须放在第一位的,积极培训参与者相关专业知识和技能,是较为理想的选择和方式。从目前的情况来看,对户外旅游活动者进行培训的机会是非常少的,专业知识和经验方面存在严重不足,风险的规避意识也较为欠缺,这对保障户外旅游的安全性是非常不利的。

目前,一些户外体育旅游的相关部门,都会在每年组织一些正规和专业的户外旅游培训活动,但是,由于收费较高、培训点较少等原因,只有一些专业爱好者或从业人员参与,没有或者很少涉及到普通人民群众,这对于户外体育旅游的广泛开展和普及是非常不利的。除此之外,其他一些俱乐部在户外培训方面也非常

第四章 山地户外体育旅游资源整合与发展研究

欠缺,要么组织培训次数非常少,要么内容较为宽泛,专业性和可操作性不强等,这些都导致了最终所取得的效果不甚理想,因此,加大相关培训工作是非常重要且必要的。

(三)山地户外体育旅游市场存在的问题

通过对山地户外体育旅游市场发展状况和基本情况的剖析,可以将其中存在的问题加以归纳总结,具体如下:

1. 市场总体规模过小

调查发现,尽管我国总体经济发展规模比较大,但是,户外市场的发展规模却非常小,这与经济发展是不相适应的。因此,这就需要进一步开发和挖掘户外体育旅游市场的潜力,同时,要通过各种方式和途径,将俱乐部的各种松散力量集中起来,形成合力,从而进一步完善培育市场和保护市场健康发展的机制和规则。

2. 产品品种少,质量不高

户外体育市场产品开始逐渐呈现出趋同化的特点,产品品种少、质量差的问题普遍存在;同时,在开发相关产品方面,也存在着创新不足、深度不够的问题。

3. 专业人才欠缺

户外旅游俱乐部在专业技术人才方面是较为欠缺的,训练有素的专职教练人员更是奇缺。近年来情况有所好转,但缺少受过专业培训人员的问题还没有从根本上解决。

4. 俱乐部管理的规范性不够

作为户外旅游市场业态的俱乐部,在运作和管理上的规范性有待进一步提升。比如,大部分的户外运动俱乐部采取服务活动和租售器材连带经营方式,为了提高受益,户外运动俱乐部往往会有意将这两种商品进行拆分,分别进行相应定价。对于诸如此类不规范行为的出现,需要管理部门将其照管和监督的作用充分发挥出来,同时,俱乐部自身方面也要加强自律。

四、山地户外体育旅游市场的发展对策

(一)扩展活动或比赛的规模,提升影响力

一个产业是否发达,其重要标志就是能否提供市场需要的各类产品。因此,从目前我国以用品为主的户外旅游产业的发展上来说,其是需要进行结构上的调整的。要大力发展户外活动和户外比赛产品,进一步丰富活动或竞赛的种类,在增加初级或低水平活动或比赛的同时,各地应形成一两个有品牌的赛事。

在进一步提高活动或比赛的数量的同时,要将单个活动或比赛价值的增大作为重点关注方面。要加强活动或比赛的有序性。统筹安排活动或赛事,把人员、资金等优势力量集中到大型活动或品牌赛事,有效提升品牌的社会影响力,争取将赛事或活动的价值最大化。

(二)进一步开发无形资产

无形资产开发应该将关注的重点放在电视转播权和广告赞助上。借助于国家和体育总局政策上的支持,争取在电视转播权或者在广告开发上有新的突破。做好这方面的工作并不容易,但是要明确的是,只要打造出有影响力的赛事,或培育出在国际上有突出成绩的优秀运动员,对电视的转播和赞助是有非常大的吸引力的。

(三)培养并发展从业人员的素质和能力

户外旅游市场能否正常顺利地发展,主要决定性因素在于市场从业人员的素质高低。因此,大力加强人员的素质和技能培训,尤其是从业人员的市场开发能力和工作能力的提高是非常重要

且必要的。还可从其他市场引进一些高水平市场运作专业人员,力争在户外旅游产品质量、服务能力和市场开拓上达到更高水平。

(四)整合市场,促进户外俱乐部发展

在我国户外市场发展中,户外俱乐部是处于核心地位的。随着人们对健康、安全的重视程度不断提高,再加上户外运动的进一步发展,活动质量和安全保障的要求开始成为人们关注的重点,户外俱乐部所占的市场份额必将会越来越大。与此同时,专业的、有特色的个性化服务也是户外俱乐部发展的重要法宝,这在客户吸引方面作用显著;要积极整合资源,扩大规模和业务范围,向消费者提供更优质服务,使盈利能力和竞争优势更加显著。

第四节　我国山地户外体育旅游的典型资源整合

一、登山旅游

(一)登山运动概述

1786年,登山运动诞生。发展至今,登山运动已经成为人们尤其是年轻人青睐的重要户外运动。通常,可以将登山运动分为三类,这三大类又可以分为不同的种类。具体来说,普通登山活动可以分为定向登山比赛和驴友登山;竞技登山运动可以分为力量型和技术型;此外,还有高山探险登山。

登山装备必须配合登山者的使用能力才能将其作用充分发挥出来。所以,即使有充分的装备,如果没有应用装备的优良技术,这些装备也等于零。一般来说,对登山运动的装备的要求主要表现为:第一,一定要实用,不实用的东西不要带;第二,要遵循量轻、体小、耐久、方便等原则,不要携带操作困难、使用不便或容易损坏的用具；第三，个人登山装备要求尽量轻便灵活，以便于登山活动的进行；第四，登山用具不仅要求实用，而且还要具备防水、防潮、保温等功能，必须要确定耐用程度。

在登山运动过程中，经常会用到的重要用具和装备主要有以下几种：

（1）服饰。遵循生命安全第一的原则，选择衣服颜色鲜艳，便于吸热和被识别观察到；衣着以轻暖舒适及方便活动为标准。遵循多层穿衣原则。除此之外，雨具、帽子和手套也要有所准备。

（2）鞋子。如果攀登冰雪高山，需要穿戴专用高山鞋，又称登山鞋。如果是郊区登山，穿运动鞋更为方便。

（3）背包。背包所装物品为必需品，重上轻下，背包与背部必须密合，它的重心与身体重心要在同一条线上；选购背包时，要根据需要灵活选择。

（4）日用装备。对于时间较长的登山活动，各种用品必须携带齐全。主要包括起居用品、卫生用品、简单工具、常备药品、地图、指南针、缝纫用品、照明用品、摄影器材等。

（5）冰镐。冰镐是雪地攀登的重要装备。选购冰镐时，要注意金属尖端部分是否锋利，形状、强度是否平均；金属部分有无缺口，柄部与金属接触是否良好，柄部的粗细是否适中。

（6）冰爪。主要用于在雪地、冰地登山的时候。一般的，8爪以上的冰爪较好。

（7）帐篷。排水性良好、防雨性良好、居住性良好的帐篷才是适合登山运动的。具体的形式、大小取决于攀登目标、季节、登山方法以及人数等。

（8）登山寝具。睡袋最重要的是保暖。睡垫则能够改善营地舒适度，与睡袋可以配合使用。

（9）炊事用具。短时间的登山运动不需要炊事用具，带现成的食物即可。长时间的登山运动所需要的炊事用具主要有炉具和锅具。其中，炉具还有取暖的作用。

（二）登山运动的实践技术

1. 山间行军技术

（1）上山步行法。

① 登陡坡时采用的步行法。

登陡坡时，不要直线登高，如路够宽时，可蛇行蜿蜒而上，山越高越陡，就越需如此。如果陡坡的山路太窄而无法蛇行时，就需渐渐降低速度，不慌不忙地以深呼吸调整步伐。

② 登草坡和碎石坡时采用的步行法。

直线攀登法：适用于攀登坡度在30°以下的山坡。上升时身体稍向前倾，全脚掌着地，两膝弯曲，两脚呈八字，迈步不要过大过快。

之字形攀登法：主要适用于攀登坡度大于30°的山坡时，这种攀登法能够使直线攀登时的难度和滑坠的危险系数大大降低。具体方法为：腿微微弯曲，上体前倾；内侧脚脚尖向前，全脚掌着地（主要用脚外侧蹬地），外侧脚脚尖稍向外撇（主要用脚跟蹬地）。

（2）下山步行法。

① 下坡度小于30°的山坡采用的步行法。

在下坡度小于30°的山坡时，一般是两腿微微弯曲，膝关节放松，用脚跟先着地，身体重心先放在两脚跟上，然后过渡到全脚掌，将整个身体的重量压在脚上，步子要小而有弹性（这种下法速度较快）。

② 下坡度大于30°的山坡采用的步行法。

在下坡度大于30°的山坡时，则仍需采用"之"字形路线斜着下山。一般是内侧脚用脚掌和脚外侧蹬地，外侧脚用脚跟和脚内侧蹬地；身体向内后方（指山坡方向）倾斜以保持身体的平衡。

（3）山脉棱线步行法。

① 在深山应该设立石堆等作为登山标记。

有经验的登山者，一到自己没有把握的地点就会立即堆砌石、堆、绑布条或割开草。一旦真的迷路，就可找堆砌的石堆、布条或割开的草等各种标记,以便寻找正确的路线。等雾散后,也可上树梢望四周,或尽量站在高处寻找山的棱线。在人迹罕至的深山,这种标记就成为登山者登山时的重要依据。在光秃秃的岩石山上,如没有别的东西可做标记时,只要在岩石上摆一些石头,就可成为显著的目标,对登山者颇有助益。

② 在草木繁茂的地带应在校稿的树枝上设立标记。

如在草木繁茂的地带,石堆的作用就不大,反而是以割草辟小径或在树枝上绑布条的方法比较有效。

2. 渡河技术

(1)单人渡河法。

单人渡河时,可用一根长棍(或帐篷杆、竹竿等),通过撑着河底的方式渡河。一般的,要求木棍的支点要在水的上游一侧。两脚交替移动时,身体微向上游倾斜,通过借助于木棍的支点,使两脚站稳后再将木棍移动。需要注意的是,出脚时太快、太高、太大的情况要尽量避免,将两个支点固定之后,另一个支点才能移动。如水流较急时,就需要采取保护措施,比如,可在腰间系上保护绳,另一人站在岸上保护,在水中摔倒或被水冲倒时,有保护可避免危险。

(2)两人渡河法。

两人对面站立,双手相互搭在肩上,做侧跨步前进。前进时两人步调必须一致。

(3)多人渡河法。

可采用三到五人一组"墙式"渡河法。几个人站成一列横队,互搭肩膀面向对岸前进。除此之外,"轮状"渡河法也是非常实用的一种方法,具体来说,就是四五个人围成一个圆圈,互搭臂膀,朝着水流方向像车轮一样地转动,横渡前进。

3. 穿林技术

(1)在藤蔓竹草交织的丛林开路的方法。

在通过藤蔓竹草交织的丛林时,要常常使用砍刀开路行进。

对于横的挡道应"两刀三段,拿掉中间",直的挡道应"一刀两断,拨开就算"。

(2)在草深而密的茅草丛地开路的方法。

对于草深而密的茅草丛地,用刀开路时的方法是:"不过头,两边分,从中走;不见天,吹个洞,往里钻"。若草不是很茂密,则可本着"高草分"(用手把草向两侧分开)、"中草压"(用脚压踏)或"低草迈"(迈进低草)的原则通过。

4. 休息

休息是为了恢复体力,同时也可进行行装调整、喝水及进餐。为了确定攀登者所在的位置和辨认周围的地形,也可做短暂的停留。在休息时,为了取得理想的休息效果,要注意休息时间的掌握以及休息活动的安排,具体如下。

(1)休息时间。

开始行进20~30分钟后,可以进行第一次休息。以后每行进50~60分钟,就可以有一次休息,每次休息时间为5~10分钟。

(2)休息活动安排。

① 短暂休息的活动安排。

登山途中的短暂休息,由此能对呼吸节奏有所调整,疲乏程度有所缓解,体力有效恢复。需要注意的是,非常短暂的休息是不需要卸下装备的,手拄登山杖、弯曲上身,将上体重量移到登山杖上即可,这样也能达到有效放松肩部和腰部的效果。如要坐下,一定要在臀部下垫上防潮的垫子等物,不要让地上的潮气浸入身体。

② 较长时间休息活动的安排。

在行进途中,如果休息的时间较长,可以先做做体操,以放松僵直的身体,然后再进行其他项目和进餐。进餐要遵循少食多次的原则,同时,还要注意糖分的补充,景致好且安全的地方是休息活动的最佳选择。除此之外,还要注意合理处理垃圾,保护环境。

二、攀岩旅游

（一）攀岩运动概述

攀岩运动起源于20世纪50年代的苏联，发展至今，已经成为近年来广受关注的一项新兴体育运动项目。按照不同的划分标准，可以将攀岩运动分为不同的类型。比如，以攀岩运动的性质为依据，可分为难度攀岩、速度攀岩和室内攀岩；按照使用器械的不同，可分为器械攀登和自由式攀登。

攀岩者在进行攀岩运动这项具有一定危险性的运动之前，首先要准备好个人装备，然后还要准备好符合攀岩运动要求的技术装备。其中，个人装备主要包括服装、鞋、头盔。服装方面，要求具备防风的、透气、保暖的功能；鞋子方面，要合脚；头盔能保护头部。技术装备主要包括：主绳（保护攀岩者安全，应经国际攀联认可）、绳套（有机械缝制和手工打结两种）、安全带（起到舒适、安全的固定作用，有可调式和不可调式两种，要及时检查更换）、保护器（减少操作者所需要的握力，主要有8字环、管状保护器和自动保护器）、上升器、岩锥。

（二）攀岩运动的基本技术

1. 基本动作

在攀岩运动中，需要用到的基本动作有：抓、拉、抠、推、蹬、张、跨、踏、挂这些，将这些基本动作综合起来加以运用，就形成了基本技术。可以说，动作是技术的重要组成部分。

2. 基本技术

（1）手法。

在攀岩运动中，手法的运用主要是为了使身体向上运动和贴近岩壁。岩壁上的支点形状很多，这就要求攀岩者在选择所运用的手法时,首先要了解并熟悉这几十种甚至上百种这些支点的形状,并且知道采用什么样的手法,如何进行抓握和用力,才能征服这些支点,保证自身能安全顺利地向上攀爬。

对于同一支点来说,是可以通过多种方法进行抓握的,并没有限定只能用某一种方法。但是,不管用哪种方法进行抓握,都要注意手臂位置要低,凭借向下的拉力来使水平摩擦力加大,从而保证抓握的固定性和稳定性。

在攀岩运动中,攀登者手指的力量在攀岩运动中所起到的作用是非常重要的。这就要求攀岩者要加强这方面的训练,可采用的训练方法主要有俯卧撑、引体向上、指挂引体向上、提捏重物等。

(2)脚法。

脚法在攀岩运动中也是非常重要的技术之一。一般来说,攀登者往往都具有非常强的腿的负重能力和爆发力,而且耐力强,腿脚力量在攀岩过程中所发挥的作用是非常强大的。

在进行攀岩运动之前,要做好相关的准备工作,而选择和穿戴特制的攀岩鞋是非常重要的一个步骤。一般来说,攀岩鞋的基本要求为:鞋底由硬橡胶制成,前掌稍厚,摩擦力大,鞋身由坚韧的皮革制成,鞋头较尖。穿上这种鞋,对于稳固地支撑全身重量是非常有帮助的。需要注意的是,在选购这种鞋时,宜小不宜大,鞋越紧脚,发力时越稳固。

攀岩时,并不会用到整个脚,只会用到鞋正前尖、鞋尖内侧边、鞋尖外侧边和鞋后跟,攀爬过程中踩进的宽度为一指左右。如果实行换脚、转体等动作,需把整个脚掌放上去,为这样做能够脚在受力的情况下也能够左右旋转移动。

另外要注意的是,在攀登过程中,换脚这一技术动作会经常用到,这样对向上移动是有所帮助的。这就要求攀登者在换脚时保证身体的平稳,并不给手增加额外的负担。

(3)移动重心。

在攀登过程中,攀岩者重心位置的调控是非常重要的,这关系到其是否能够顺利攀登,并保证攀登的安全性。在动作中减轻双手负荷,保持身体平衡,是移动重心的主要目的所在。一般的,攀登者调整中心所用到的方法主要为推拉腰胯和腿平衡。

初学者在移动重心时,一定要注意,不要盲目进行,应先做一段时间的平移练习,即水平地从岩壁一侧移到另一侧,体会重心、平衡、手脚的运用等基本技术。

(4)侧拉。

在攀岩运动中,攀岩者还需要掌握的一个基本技术就是侧拉。侧拉的主要功能在于能极大地节省上肢力量,使攀登者能轻易达到一些原本困难的支点,主要在过仰角地段时被广泛应用。

这项基本技术的要点在于:身体侧向岩壁,以身体同侧手脚接触岩壁,靠单腿支撑身体重量,同侧手抓握上方支点,另一只腿伸直用来调节身体平衡。

(5)手脚同点。

手脚同点也是攀登者进行攀岩运动需要掌握的一项基本技术。具体来说,就是指当一些手点高度在腰部附近时,把同侧脚也踩到此点,身体向上向前压,把重心移到脚上,发力蹬起并伸手抓握下一支点,这期间攀登者的另一只手用来保持平衡。手脚同点支点比较稀少的线路上有着广泛应用。

在攀岩过程中,很少的岩壁支点能够应用手脚同点这一技术,且身体上升幅度大。这就需要根据实际情况来加以调整。比如,遇到支点较高的情况,就应该将身体稍侧转,面向支点,腰胯贴墙向后坠,腾出空间抬腿,不要面向岩壁直接抬腿。脚踩实后,另一脚和双手同时发力,把重心前送,压到前脚上,单腿发力顶起身体,同侧手放开原支点,从侧面滑上,抓握下一支点,另一手固定不动,来对身体平衡加以调整。

(6)节奏。

攀爬节奏在攀岩运动中也是非常重要的基本技术之一,需要攀岩者熟练掌握并灵活应用。攀岩者在攀爬节奏和动作的快慢和衔接上都要加以注意。每个动作做完,身体都有一定的惯性,而且,一旦上一动作正确到位身体平衡也不成问题,这时就可以通过这一惯性的利用来直接冲击下一支点,两个动作之间没有停顿。

另外需要强调的是,攀爬者在攀爬时保持动作的连贯性,但是,同时也不能忽视动作的细节和正确性,否则,动作会发生变形,最终取得的效果也会不甚理想。总的需要遵循的原则是:困难地段快速通过,容易地段稳定、调整。连惯—停顿—连惯—停顿,间歇进行,连惯动作时手脚、重心调整一定要到位,到达一支点后要尽快恢复身体平衡。有必要时,可选好地段稍作休息,放松双手。

3. 结绳保护技术

（1）绳结技术。

绳结技术也是攀岩运动中攀岩者必须掌握的一项基本技术,其主要目的在于保护攀岩者的自身安全。

一般来说,绳结的打法有很多种,各种打法的用途也是有所差别的,要分别加以掌握。

① 基本结。

基本结,也被称为单结、保护结。在绳头部位打此结,能使绳结解脱的情况得到有效避免。一般情况下,这种绳结在其他结接好后进行（图4-1）。

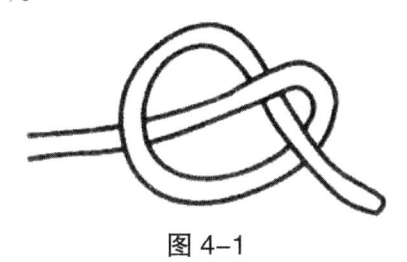

图 4-1

②连接固定点用结。

将绳索一端直接固定在自然物体上的结绳方法,就是连接固定点用结。

A. 双"8"字结。

双"8"字结有着显著特点：一是简单易学,拉紧后不宜松开；二是不受力时,不容易松开(图 4-2)。

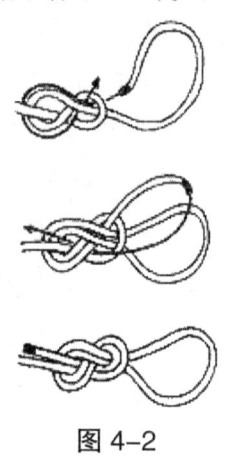

图 4-2

B. 布林结。

布林结,也被称为系船结。其主要特点是易结易解,但绳结也易松动(图 4-3)。

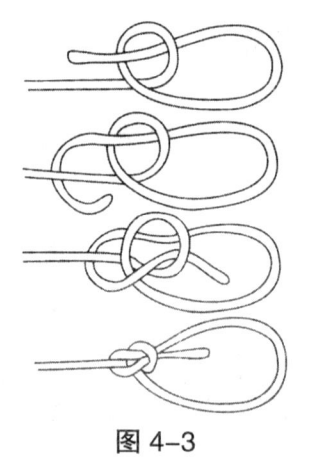

图 4-3

C. 双套结。

双套结,也被称为丁香结。主要在需要固定,或者攀登和下降时加以应用(图 4-4)。

图 4-4

D. 蝴蝶结。

蝴蝶结,也被称为中间结,结结时可用蝴蝶结直接套在中间队员安全带上起保护作用(图 4-5)。

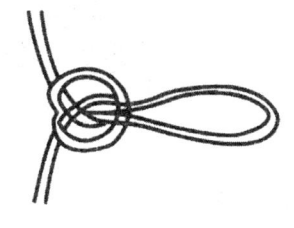

图 4-5

③绳子间的连接。

A. 平结。

平结又称连接结、本结、陀螺结。用于粗细相同的绳索之间的连接(图 4-6)。

图 4-6

B. 渔人结。

渔人结此结对于结两条质地、粗细相同的绳索或扁带是较为适用的。

C. "8"字结。

"8"字结对于粗细相同的绳索之间的连接较为适用(图 4-7)。

图 4-7

D. 水结。

水结,也被称为防脱结,主要作用是连接两条扁带。需要注意的是,此结易松,必须用力打紧并经常检查(图 4-8)。

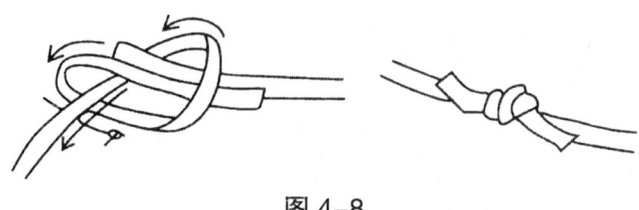

图 4-8

E. 交织结。

交织结,也被称为渔翁结、水手结、紧密结、天蚕结。主要在直径相同绳索之间的连接时加以应用(图 4-9)。

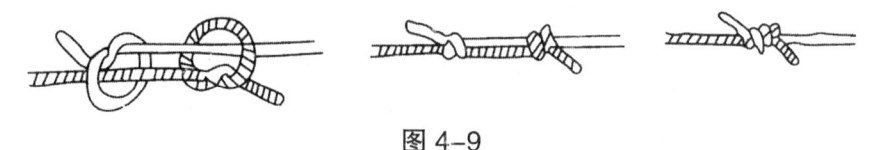

图 4-9

F. 混合结。

混合结主要在不同直径绳索之间的连接上广泛应用(图 4-10)。

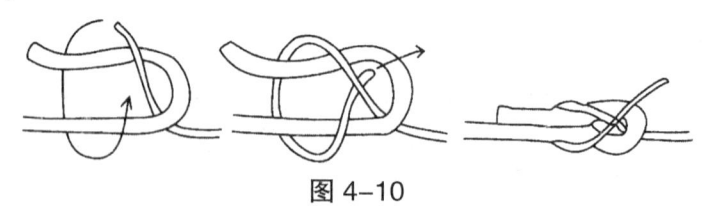

图 4-10

④特殊用途的结。

A. 抓结。

抓结,也被称为普鲁士结、移动结。其适用范围为:行进、上升中的自我保护。

B. 意大利半扣。

其适用范围为：沿主绳快速下降时的速度控制。"8"字环遗失时会经常用到。

（2）保护技术。

一般来说，保护技术往往是由保护人利用攀岩绳对攀登者给予保护的状态下完成的。攀岩绳的一端通过铁锁或直接与攀岩者腰间的安全带连接，另一端穿过与保护者腰间安全带相连的铁锁和下降器，中间则穿过一个或多个固定的安全支点上的铁锁。保护者在攀岩者上升时不断送绳（或收绳），在攀岩者失手时，拉紧绳索制止其坠落。

通常来说，保护的形式有两种，一种是上方保护，一种是下方保护，是按保护支点的相对位置来划分的。

①上方保护。

上方保护在攀岩过程中有着广泛应用。具体来说，上方保护是保护支点在攀岩者上方的一种保护形式，与之对应的攀登方式为顶绳攀登。

在攀岩者上升过程中，保护者是要不断收绳的，主要标准是不让攀登人胸前留有余绳，但也要注意不能拉得过紧，这样会对攀岩者的行动产生影响。

上方保护对攀岩者没有特殊要求，且攀岩者发生坠落时受到的冲击力较小，较为安全。但是对保护人收绳有所要求，即随时要有一支手握住下降器后面的绳索（或把下降器两头的绳索抓在一起）。

A. 上方保护技术的基本步骤。

a. 攀岩者与保护者各自做好准备（穿戴好装备）。

b. 相互检查。

c. 攀岩者向保护者发出"开始"信号。

d. 保护者向攀岩者发出"可以开始"信号。

e. 开始攀登、保护。

f. 攀岩者登顶后发出"下降"信号。

g. 保护者发出"可以下降"的信号,开始放绳。

h. 攀岩者返回后,向保护者表示感谢。

B. 上方保护技术的基本要求。

a. 起步时绳子稍紧一些,以防开始就脱落。

b. 精力集中,密切关注攀岩者的行动,力求有一定的预见性。

c. 任何时间都有一只手紧握通过下降器的绳子。

d. 选择最佳的位置和站立姿势。

e. 收绳子时双手协调配合。

f. 放绳子时,要缓慢匀速。

②下方保护。

下方保护也是攀登者要熟练掌握的一项基本保护技术,具体来说,是保护支点位于攀登人下方的一种保护方式,与之对应的攀登方式为先锋攀登。

由于下方保护技术是没有预设的保护点的,这与上方保护技术是有所差别的,因此,这就要求攀岩者在上升过程中,不断把保护绳挂入途中保护点(快挂)上的铁锁中。

下方保护是先锋攀登唯一可行的保护方法,其有着非常强的实用性,而且是国际比赛中规定的保护方法。但是要强调,这种保护方法要求攀岩者自己挂保护,而且发生坠落时,坠落距离大,受到的冲击力强,因此这项技术通常只有技术熟练者才会使用,不适合初学者。

三、洞穴探险旅游

(一)洞穴探险运动概述

1. 旅游洞穴

洞穴是指人能进去的天然地下空间,对于由两个或两个以上通道组合起来的洞穴,称为洞穴系统。洞穴由洞穴空间(洞腔)及围绕四周的岩体(围岩)两部分组成。旅游洞穴是自然的产物,经过开发后作为旅游吸引物存在。对旅游洞穴的划分可采用不同的观察角度,以增加认识面,有助于科学研究的深入,有助于实际运用中对旅游洞穴的把握。

通常情况下,可以将洞穴分为两种类型:一种是碳酸盐岩类旅游洞穴,约占整个旅游洞穴的90%以上;另一种是非碳酸盐岩类旅游洞穴,占整个旅游洞穴的约10%。非碳酸盐岩洞穴主要有冰洞、火成岩洞、丹霞洞及其他种岩性的洞穴。其所具有的特点主要为:数量少;规模也较小;洞内景观少,且景观特点也不同于碳酸盐岩。

一般的,可以按照不同的标准来对旅游洞穴进行分类。比如,按照旅游场所,可以将旅游洞穴分为水洞、旱洞及水旱混合型洞;按照地位等级,可以分为世界级、国家级、省级和县市级四种等级;按照与客源地距离,可以分为远程、中程和近程;按照旅游客源市场,可以分为自立型、借立型、混合型;按照狭义经济收入,可以分为上等、中等和下等;按照广义的旅游洞穴,可以分为观光型、探险型、文化类、科考类洞穴及其他。

2. 洞穴探险的装备

(1)服装。

探洞服要耐磨,尤其臀部、肘部和膝部。探洞服要保暖,不能太宽松,要色彩鲜艳。

(2)头盔。

头盔是探洞者必备的装备之一。头盔可使探洞者免遭伤害。

(3)探洞鞋。

以高帮厚底的靴子为好,能使脚踝避免扭伤,而且不至于陷在淤泥里拔不出来,厚底可对付岩溶地貌中尖硬的石牙或岩块。注意买鞋时最好穿上袜子试一试,保证鞋子合脚。

(4)照明灯具。

探洞者在探险活动中应携带至少3个独立的照明工具,保证旅游活动的顺利进行。探洞中普遍使用的光源有电石灯和电灯，而根据发光源的不同分为普通电灯和LED灯。

（5）指南针和倾斜仪。

指南针和倾斜仪是洞穴探险必备的重要工具，它们具有携带方便、操作简单的显著特点，并且能迅速、准确地判定方位，测量坡度和对洞穴进行精确的测量。在准备装备时，要求洞穴测量的指南针和倾斜仪必须全密封，防震，防摩擦。

（6）测尺。

洞穴的测尺对洞穴测量的精度起到重要的决定性影响。洞穴的特殊环境要求洞穴测量的皮尺必须便于清洗、收放，而且必须耐磨、轻便。一般的，测尺的长度为30米或50米。

（7）扁带。

扁带就是带子或绳索的一结打成的环套，其主要用处在于在单绳装备的中间锚点。

（8）绳索。

绳索是探洞装备中最重要的一部分，是探洞者的生命线。探洞使用的是静力尼龙绳，具有韧性强、伸展性低的显著特点，由护套里外两层组成。

（9）与绳索相关的设备。

与绳索相关的设备，如胯带、胸带、上升器、下降器、扣环等。

（10）牛尾绳和桶包。

牛尾绳是连接一个环扣与胯带的一段绳索，长度要合适。其主要用处在于转向运动或过锚点时，固定在锚点上以便安全操作其他装备。

桶包是用来装绳索和其他探洞装备的长方体形帆布包，有一副背带和一个手提带。

（11）食品和水。

在洞内食用的食品需要满足无需炊事、轻便、高热量、易消化且易长期存放，容易使人恢复体能这几个条件，常见的有巧克力、糖、干果、花生压缩饼干等。水更是探洞者必不可少的，另外电石罐也需要水。

（12）急救包。

急救包中一定要有克感敏（治感冒）、黄连素（治腹泻）、季德胜（治蛇伤）、创可贴（治外伤）、酒精（消毒）、止痛片、绷带、胶布（救护）等这些药品和用具。

除此之外，一个包装的饭盒、一个挑去异物或补衣的针线包、一把小刀（如多功能瑞士军刀）和一盒防水火柴也是必不可少的。

（二）洞穴探险的实践技术

1. 洞穴探险单绳技术

（1）基本技术。

安装单绳装备最首要的是选择一个合适的点作为锚点。它可以是自然锚点，也可以是人工锚点。

① 自然锚点。

典型的自然锚点是基岩突起、岩柱、基岩中的小孔以及基岩裂口中的大块石和石头。在使用之前，用锤子敲敲，检查岩石是否真的完好，有无裂痕。检查单绳在正常承受重物被拉紧时，不致扯出自然锚点。检查锚点，用锤子把尖削的边缘打平，以免绳索受损。将扁带或者钢丝绳绕过这些自然锚点，再通过钢扣或带锁的扣环与单绳8字结相连，或者打个8字节把绳索直接套在桩的根部，环要打得大些，以免过度拉紧。

② 人工锚点。

这里要重点强调的是，打岩钉的岩石必须是完整的。人工锚点由膨胀螺丝钉和挂钩组成。最实用的人工锚点是"Y"型套索锚，由两个锚点构成。这种锚点的主要优势在于，能够有效防止岩壁磨损并获得有利的自由降落。岩钉有两种，一种是楔、钉分离的岩钉，另一种是楔、钉相连的膨胀螺钉。

（2）下降技术。

下降技术依靠的是下降器，实际上，其是与胯带相连的套在绳索上的一个闸,探洞者通过调节这个闸来控制下降速度或停留在绳索上。下降器下部绳索拉紧的程度可通过单绳装备底部的队友拉绳索来控制。

(3) 上升技术。

上升技术依靠的是上升器,它至少包括两个上升器,手柄式上升器和胸部上升器(胸扣),从而使在承受重量时不滑动得到保证,不承受重量时能够沿着绳索向上移动。

2. 洞中攀岩技术

洞穴攀岩技术可以在专家的指导下先在地表练习。一旦熟练了或者有了感觉,就可以进入地下世界进行探险了。攀岩中重要的技术是平衡。基本的姿势是保持头和脚踝的一致,即平常站立的姿势。尽可能保持身体正直和背部挺直。通过膝、臀部和脚踝的弯曲来调整姿势。

攀岩过程中,要正确利用脚支撑身体,具体为:探洞者必须把脚放在最有利的位置,尽最大可能支撑身体,放置脚的时候,要确信脚站的位置不难受,以便你保持平衡。当脚移到新的支撑点时,手和另一只脚都不能松动,移动一下身体看看它是否保险,确定没问题,再移动另外一只脚和双手。

3. 狭窄洞道探险技术

穿过狭缝的最小范围主要取决于人的肩宽和胸腔的厚度。如果洞道实在太窄横着过不去,那就侧着移动,或者侧躺着挤过去。

如果狭缝的顶部粗糙不平,那么可以侧躺着移动。反之,如果底部不平,就爬着前进;如果四周都不平,那么就应该慢慢爬并调整呼吸。切忌着急慌乱。

通过狭窄的竖缝,脸朝向拐弯的方向侧身前进,是最简单的方法。

4. 低矮洞道探险技术

如果洞穴的顶底太接近,连蹲的空间都没有,就不得不爬行了。可以利用两肘和两脚俯着爬行，也可以利用脚和背移动，甚至可以滚着移动。洞顶实在太低，你可以把头灯取下，用手拿着伸到前面，慢慢匍匐前进。不管采用哪种方式，都要小心，不急不躁。

5. 烟囱式攀爬技术

烟囱式攀登，就是用背、手和脚沿着裂缝上升和下降的技术。实际上，这种方法就是利用两个方向的压力支撑身体移动。具体来说，探洞者屈着身体，手背靠着一面岩壁，脚蹬在另一面岩壁，沿着岩壁移动背，蹬在另一面岩壁上的脚也随之移动。

6. 单绳运输技术

使用单绳技术，每个探洞者可以独立地在单绳上上升和下降，也就是说，凭借其上升和下降装备和整个单绳装备，探洞者就能够携带自己的背包在单绳上上下移动。背包可以通过一节绳索系在胯带的副套上，而不是胯带钢扣（梅仑）上，绳索可以放在靠近大腿内侧。

带着很沉的背包上升的时候，"蛙式"上升系统的优点，两条腿可以一起工作，大部分承受的重量直接吊在胸扣上，这样即使背包不小心被洞壁岩石卡住，也容易解除麻烦（下降一点用脚踢一踢即可）。

在单绳装备的顶部安装一个上升器，最好与一个滑轮相连，这样就避免了拉包的人在换手的时候，背包突然掉下去，同时拉包的人也可得到休息。

第五章 滨海体育旅游资源整合与发展研究

我国地大物博,不仅有着丰富的山地资源,还有着较长的海岸线,即丰富的滨海资源。我国东部和东南部地区都处于滨海区域,滨海城市众多,这也是我国特色体育旅游资源的重要基础。滨海体育旅游是我国经济、社会、文化快速发展时期出现的一种新型的产业形态,是体育旅游、休闲度假的高端产品。发展滨海体育旅游的主要目的在于推动滨海体育与旅游产业的互动发展和融合发展,帮助地方政府和业界破解制约滨海体育发展的障碍,促进体育产业和滨海体育健康、快速发展,更好地满足人民群众日益增长的多样化的体育需求。本章首先对滨海体育旅游的相关理论基础和发展背景加以阐述,然后分析我国滨海体育旅游的发展状况,最后则对我国滨海体育旅游的典型资源加以整合和分析,由此能够使人们对我国滨海体育旅游资源的整合和发展情况有所了解和掌握,为体育旅游资源的整体发展提供相关的依据和支持。

第一节 滨海体育旅游的理论基础

一、滨海体育旅游的概念解析

海洋是人类生命、人类文化的重要发源地。在地球上,海洋占地球表面的71%,正是由于海洋的浩瀚壮观、变幻多端、奥秘

第五章　滨海体育旅游资源整合与发展研究

无穷,才使得人类将海洋视为力量与智慧的象征与载体。

(一)海洋体育

海洋体育,是体育活动的形式之一,其是以海洋资源为基础,对所包含的海水、海湾、海岛、沙滩、滩涂等加以利用,通过人的身体活动来对海洋自然环境带来的刺激、惊险等进行充分体验和感受。不同海洋资源的利用形式不同,如此就赋予了海洋体育多种特点,如竞技、休闲、健身、娱乐、冒险、游戏等。其主要功能在于休整身心、娱乐放松、强身健体、欢度余暇时光。

从本质上来说,海洋体育就是人类与海洋互动关系中在体育运动方面表现的产物。海洋体育的内容是丰富多样且形式各异的,不管是在海面上、海水中、海面下开展的体育活动,还是在滩涂、海岛、公路及悬崖开展的体育活动,都属于海洋体育的范畴。较为典型的海洋体育运动项目主要有潜水、冲浪、帆船、帆板、滑水、划船、游艇、游泳以及沙滩排球、沙滩足球等。这些也为滨海体育旅游的开展奠定了坚实的基础。

(二)海洋体育文化

人类在开发利用海洋的体育实践中形成的精神财富,就是海洋体育文化。海洋体育文化的范畴非常广,其中不仅包含人们的体育价值、体育观念、体育思想、体育意识、运动心态,还包括由此而生成的运动生活方式。海洋体育文化所崇尚的是力量的品格、自由的天性,其强烈的个体自觉意识、竞争意识和开拓意识,也赋予了其更加显著的开放性、外向性、兼容性、冒险性、神秘性、开拓性、原创性和进取精神。

(三)滨海体育旅游

滨海体育旅游,是作为一种新型的产业形态而产生和存在的,这与我国特定的经济、社会、文化状况有关。某种意义上来说,这是一种集体育旅游、休闲度假于一体的综合性高端产品。

我国滨海资源丰富,这就为滨海体育旅游的发展奠定了坚实的物质基础,是我国滨海体育纳入我国海洋经济、海洋文化发展的战略规划之中的重要内容。

近年来,我国的海滨体育旅游得到了有效发展,很多运动项目发展迅速,并且越来越普及,比如游泳、冲浪、潜水、滑水、滑板、海钓、帆板、帆船、悬崖跳水、游艇、摩托艇、铁人三项、日光浴、沙滩排球、沙滩足球、海岛自行车、海岛越野等。

二、滨海体育旅游的价值

(一)能够对产业链条起到积极的带动作用

体育产业和旅游产业链中包含着多项产业,其中,滨海体育旅游是其中一个比较高端和处于上游的产业,该产业的发展呈现出集聚的特点,对很多相关的行业和产业发展都起到积极的带动作用。

(二)对就业率的提高起到促进作用

第三产业发展以劳务和服务为特征,其发展对就业率的提高起到积极的促进作用。滨海体育旅游属于比较高端的服务业态,对高素质的营销策划和管理人才的需要量非常之大。

(三)对城市的品牌营销有所助益

每个知名的城市要有自己的品牌,比如,大家耳熟能详的有:巴黎是浪漫之都,马尔代夫是休闲圣地,威尼斯是朦胧水乡,荷兰是郁金香和风车的王国,维也纳是音乐之都等。对于一个城市来说,要想更加具有魅力,并吸引越来越多的人前往,拥有响亮的品牌是至关重要的。而以滨海体育旅游而闻名遐迩的旅游胜地则主要有夏威夷檀香山、迪拜、马尔代夫、威尼斯等。

第五章　滨海体育旅游资源整合与发展研究

第二节　滨海体育旅游的发展背景

一、欧美发达国家滨海体育旅游的发展

（一）欧美发达国家滨海体育旅游之城的类型

关于欧美发达国家的滨海体育旅游城市，可以根据各自不同的特点，对其进行类型上的划分，且不同类型都有其典型的代表城市。具体如下：

1. 传统的滨海运动休闲之城

德国的基尔是这一类型体育旅游城市的典型代表。基尔周的帆船节历史悠久且影响深远。因此，对这一城市，不需要在宣传上下大功夫，整个德国北部和北欧地区的人都对此比较熟知了，每年的基尔周，帆船运动员和爱好者都会驾着游艇或帆船携家带口集聚于此。随着该地区帆船运动的广泛传播和普及，帆船运动文化逐渐形成，在此项运动的带动下，其他一些与之相配套的海滨运动项目也逐渐被带动发展起来，比如沙滩排球、沙滩足球、裸体泳场、潜水、海岛自行车游、海钓、游艇休闲、豪华游轮度假等。同时，再与城市的历史文化、宗教礼仪、民间艺人表演、餐饮美食、跳蚤市场、啤酒狂欢、酒吧和赌场等项目相结合，就形成了这一独具特色的传统滨海运动休闲之城。

2. 转型后的滨海运动休闲之城

西班牙的巴塞罗那是这一类型滨海运动休闲城市的典型代表。巴塞罗那因为体育赛事的举办，获得了世界级的名声，而它给人们留下的深刻印象不仅仅在于此，还在于其他各个方面。可以预见，巴塞罗那的发展前景不可估量。

3. 以大型体育赛事为主题的滨海运动休闲之城

澳大利亚的墨尔本、西班牙的瓦伦西亚、美国的洛杉矶都是这一类型滨海运动休闲城市的典型代表。这些城市的共同特点是,都把各项大型体育赛事与当地的各项资源结合在一起,从而形成了独具当地特色且魅力无限的旅游资源和运动休闲资源,对游客的吸引力不断增强。

4. 以生活品质著称的滨海运动休闲之城

加拿大的温哥华、南非的开普敦、芬兰的赫尔辛基是这一类型滨海运动休闲城市的典型代表。这些城市的特点和魅力,不仅仅体现在大型体育赛事的举办上,更体现在当地居民生活品质的全面提高上。在这些城市中,体育赛事并不是人们生活的主要部分,还有更为重要的优越的自然环境、密布的运动场所和身心好动遗传细胞和富于冒险的体育意识。因运动休闲而给城市带来巨大的活力,因运动休闲而为世界的城市发展树立标杆,因运动休闲而使城市获得了可持续发展的潜力。[①]

(二)欧美发达国家滨海体育旅游之城的特点

通过上述对欧美发达国家滨海体育旅游城市的类型划分和典型城市代表的分析可以得知,各个城市都有其显著特点。主要有以下几点:

1. 运动休闲资源丰富

不管是什么类型的滨海运动休闲城市,其运动休闲资源都是非常丰富的,除了有蓝天、碧水、沙滩、海滨外,还有当地丰富的文化和历史传统,这些对于广大游客来说都是无形的吸引力。

2. 民众基础深厚

欧美滨海运动休闲城市之所以会有如此大的魅力和吸引力,

---

① 柳伯力.体育旅游概论[M].北京:人民体育出版社,2013.

第五章　滨海体育旅游资源整合与发展研究

不仅与一系列的海洋体育运动项目有关,还与人们民族性格中崇尚力量的品格、崇尚自由的天性、强烈的个体自觉意识、竞争意识和开拓意识有着密不可分的联系。除此之外,当地政府的大力支持、教育机构的全力配合、体育市场的成功营销和老百姓的热情参与都是这些城市发展的重要助推力,不可或缺。

3. 体育赛事的品牌效应

对于滨海运动休闲城市来说,它们的一个共同追求就是将大型节庆活动和品牌体育赛事作为其重要的标志性体育文化活动之一,这对当地体育旅游的发展会起到积极的带动作用。因此,这就需要对欧美国家的历史文化和宗教礼仪等进行深入挖掘,将各个城市的品牌效应建立起来,从而进一步促进各个城市的发展。

(三)国际滨海体育旅游城市发展的经验和启迪

通过对欧美发达国家滨海体育旅游的发展分析可以得出其中的一些经验和启迪,大致如下:

(1)对于那些国际著名的滨海运动休闲城市,不管其是大是小,都有着具有自身独特特点的自然环境和文化秉赋。

(2)在打造国际滨海体育旅游之城的历程中,往往都会从一些著名的体育赛事和体育节庆活动入手来加以发展,并且会将其作为该城市的品牌效应的主要方面。

(3)大部分的国际滨海体育旅游之城,在城市的品牌职业队和铁杆球迷方面都形成了巨大的体育市场,同时,还将关注的重点放在了精英赛事和大众运动休闲娱乐上。

(4)国际滨海体育旅游之城往往都会结合当地的各项资源来开拓市场,在做城市营销时,要从总体出发,进一步扩大城市的知名度和影响。

(5)对于那些欧美国家以外的城市来说,它们往往会在打造国际滨海体育旅游之城时将一定的运动项目的特点体现出来。

（6）当地的气候条件、地理环境和文化传统都是打造国际滨海体育旅游之城时要考虑的重要因素，这样能使开展的运动项目较为合适，且有效避免盲目仿效的问题。

（7）对于很多城市来说，它们对产业结构的调整往往都是通过举办大型体育赛事来实现的。

（8）国际上公认的滨海运动休闲之城，其交通运输能力都是处于领先地位的，这是必备条件。

（9）很多国际滨海体育旅游之城的历史文化传统都是有着深厚历史底蕴的，这在各种建筑和文化创意产业方面都有所体现。

（10）国际滨海体育旅游之城的体育用品制造业和体育服务产业通常都是比较发达的，除此之外，海滨泳场、游艇设施和沙滩娱乐场所也是数量众多，能够充分满足当地人们的需求。

二、我国滨海体育旅游发展的原则与内容

（一）我国滨海体育旅游发展的原则

我国在发展滨海体育旅游时，要积极借鉴国际滨海体育旅游城市发展的经验，并与我国国情和实际情况相结合，从而保证发展的正确性和有效性。这就要求遵循一定的原则，具体如下：

1. 有所为、有所不为原则

首先，要对我国滨海体育旅游发展的相关优势予以充分了解，然后将包括资源、区位、资本、品牌在内的各项优势充分发挥出来，并加以整合，实行差别化竞争，重点突出质量效益和特色，保证发展的可持续性。

2. 体育、旅游、文化互动原则

首先，要合理整合我国滨海体育旅游文化资源，不断创新产业内容和合作机制，对海洋体育与海洋文化、海洋体育与海洋旅游的互通和联动起到推动作用，同时，还要使各项相关产业得到

大力发展。

其次,其积极的推动作用还体现在体育与文化、旅游等相关产业的联动开发,以及经济结构调整和产业结构升级上。

3. 生态优先,持续发展原则

当前,任何事物的发展都要以维持良好的生态环境为前提进行。因此,我国在发展滨海体育旅游时,要与自然生态条件结合起来,使体育向着绿色、生态的方向发展,切实把发展海洋运动休闲的过程变为为城市增添绿色,打造环境生态新优势的过程。

与此同时,还要对民众参与滨海体育旅游的意识观念、运动方式等加以积极引导,从而使他们能参与体育、享受体育,并在这个过程中达到有效提高民众的健康体质、生活情趣和生活品味的目的。

4. 科教先导,人才为重原则

科教兴国,人才是竞争的核心所在。因此,这就要求我国在发展滨海体育旅游时,要做到优化海洋体育的科技、教育、人才资源的配置,同时,在对科研院所和专业人才的引进上要加大力度,加强海洋体育旅游项目的开发、引进、培育和成果转化应用,保证海洋体育项目开发向产业化、集约化、生态化、效益化、休闲化、大众化发展。

(二)我国滨海体育旅游发展的内容

1. 对海洋体育产业的发展积极引导

(1)对海洋体育品牌赛事的开发加以扶持。

在海洋运动休闲和体育赛事的导向下,带动海洋体育用品制造业、体育中介业等业态的联动发展。要首先开展一些群众基础广泛的体育休闲运动项目,然后在此基础上,再开展新兴的海洋户外拓展项目,保证发展的稳妥性。除此之外,还要加大市场开发力度,将海洋体育的相关赛事的品牌树立起来,并且借鉴国际赛事的经验,尽可能将海洋体育品牌赛事做大做强。

(2)培育建设海洋体育产业基地。

海洋体育产业基地的建设布局需要进行科学的规划和调整,其所遵循的主要依据就是体育产业结构转型升级,并且根据项目、类型、区域、领域的不同来有针对性地进行相应的协调。与此同时,还要积极鼓励和指导不同地区、企业、俱乐部、体育协会等将各个类别的海洋体育项目基地的创建工作做好,按照《国家体育产业基地管理办法》,明确国家体育产业基地建设的各个流程,从而更加科学、合理地扶持、管理和考核海洋体育产业基地。

(3)对海洋体育旅游产品加以整合并针对性开发。

体育产业本身具有明显的综合效应和拉动作用,这就要求在发展体育产业时,一定要将此作用充分发挥出来,并且将发展的重点放在海洋体育用品上,以此来对体育产业的相关产业提供助推力,并且将精品和具有体育特色的旅游线路推出来,形成特色鲜明的海洋运动休闲产品,并使其逐渐具有国际影响力。

除此之外,还要积极探索政府资源与企业资源以及国家资源和地方资源的整合方式、方法和途径,这样,能够将海洋运动休闲产品营销联动起来,并保证其高效性,同时,还能对地区之间及省、市、县三级营销的有机整合起到积极的促进作用。

(4)使海洋体育服务水平和管理水平都得到有效提升。

对于海洋体育项目的运作与发展来说,起到决定性作用的是其服务和管理水平,因此,这两个方面的提升是至关重要的。鉴于此,大力培养和提升相关人员的职业意识、服务意识和服务水平势在必行。同时,制度、品牌管理和策划等环节也要积极跟进,共同推动海洋体育市场的专业化管理和经营。

(5)海洋体育产业发展的集聚功能区得以形成。

海洋体育产业是发展,与海洋体育产业融合工程的实施有着密切关系,由此,能将海洋体育与相关产业更好地融合在一起,融合发展领域会更加广阔,融合发展程度更加深入,这是体育产业发展更加全面、深入的重要助推力。与此同时,与旅游、文化、农林、渔业、水利、航空、海事等部门的合作也是海洋体育产业发展过程中不可或缺的,海洋体育产业发展的集聚功能区将在全国范围内建立,这会进一步促进海洋体育产业的持续性发展。

2. 使海洋体育赛事得到积极有效的推进

(1)将海洋体育赛事资源网络体系建立起来。

海洋体育赛事资源网络体系的建立具有重要意义,其建立要涉及的内容有两方面:一个是组织方面,主要包含各个体育相关部门的组织竞赛网络体系;一个是制度方面,即包含各个方面的网络制度和相关服务平台。

(2)积极培养和开发海洋体育赛事。

海洋体育赛事的开发,首先需要政府的大力支持,相关体育部门就需要尽量争取更加便利的条件和丰富的资源,来促使更多的国际海上重大赛事落户当地,比如,青岛、海南等沿海地区的海洋体育赛事活动具有坚实的群众基础和相关资源,这就为当地这些具有发展潜力的运动项目赛事的举办和开展奠定了良好的基础,为海洋体育赛事的商业化和职业俱乐部的发展道路创造了良好条件,从而积极促进我国滨海体育旅游赛事的发展。

(3)改革海洋体育赛事的办赛模式,并加以有效调整。

海洋体育赛事的举行和开发,会推动海洋体育赛事的发展,但同时,其发展也需要进行办赛模式的改革和调整。有效激活海洋体育赛事市场,不仅需要引入市场化运作手段,还要做好与体育竞赛表演业相关行业的拓展与维护,使之形成具有影响力的品牌效应。除此之外,加强海洋体育的品牌赛事与大型赛事和会展的互动,为我国滨海体育旅游竞赛表演的发展起到促进作用。

3. 对海洋群众体育的开展进行积极有效的扶持

积极扶持海洋群众体育的开展和发展,需要从以下几个方面着手进行:

(1)全面推进海洋浴场的开发和管理。

对于各沿海城市来说,公共开放的海滨浴场是要开发和管理的重点，但为了保证开发和管理的有效性，要求一定要科学、有序地进行。首先，在相关制度方面，要建造安全泳区并制定标准的救护安全条例；在专业人员培养方面，要对从业人员进行上岗培训和资格认证；在安全方面，要经常检测水质和水温，同时，还要提前做好相关的应急预案和急救措施。

（2）沙滩和滩涂运动休闲项目的发展力度要大。

沙滩和滩涂资源是海洋体育旅游资源的重要组成部分，对这一资源的利用，对海洋体育旅游的发展会起到积极的促进作用，这在沙滩排球、沙滩足球、沙滩手球、沙滩拔河、沙滩摔跤、泥滩竞走、泥滩摔跤、泥滩健美等运动休闲项目的开发上都有着充分体现。

（3）将海岛资源开发与健身休闲路径充分利用起来。

海岛是海洋体育旅游资源的重要部分之一。对这个特殊的资源方面进行开发，一个是健身路径的开发，比如将沿海小道改造为健身游步道、自行车健身道等；另一个是健身服务水平的提升。通过扶持和发展社会力量兴办的海洋体育健身活动和健身产业，为各种人群提供多种需求的健身服务，再加上制度上的保障，来将群众参与海洋体育旅游的兴趣和积极性充分调动起来。

（4）与文化庆典相结合开展海岛传统体育活动。

将各地的海洋文化节庆活动充分利用起来，如为妈祖体育文化节、舟山船拳和舞龙舞狮节等海岛传统体育活动的开展提供必要的助推力，使全民健身运动深入海岛居民。

4. 将海洋体育人才培养体系建立起来

海洋体育专业人才的培养决定着海洋体育旅游的最终开发与发展状况，因此，建立海洋体育人才培养体系势在必行。具体可以从以下方面着手进行。

（1）对海洋体育和休闲体育专业人才进行大力培养。

首先，要充分利用高等院校的人才培养路径，做好后备人才的培养与储备工作。

其次,要做好海洋体育专业人才的职业培训工作,将相关培训单位的优势充分发挥出来,全面培养海洋体育发展所需的各方面人才。

(2)建立海洋体育专业人才培养基地。

我国地大物博,海岸线狭长,这就赋予了我国海洋丰富的资源优势,这在自然资源、社会资源、人文资源、环境资源方面都有所体现。在这样的背景下,需要有效建立海洋体育的科学研究基地、人才培养基地、教学实践基地,并且积极寻求与国内外知名高等院校和培训机构的稳定合作机会,联合起来对紧缺的海洋运动人才进行积极培养。

(3)加大海洋体育文化建设力度。

将我国与体育旅游和海洋体育相关的赛事和会议举办好,并且积极加强与国外海洋体育发展强国之间的联系和交流,加强研究海洋体育价值、体育行为、体育项目、体育赛事、体育活动,同时,还要在结合我国国情的基础上,积极借鉴国际海洋运动休闲之城的经验,做好海洋体育文化和项目的传承与开展工作,普及海洋体育知识,形成全社会共同关注海洋体育、科学开发海洋体育项目的局面,为海洋体育的蓬勃发展起到积极的推动作用。

第三节　我国滨海体育旅游的发展状况解析

一、我国滨海体育旅游发展的基本状况

(一)我国滨海体育旅游发展的总体状况

我国海域面积广阔,大陆海岸线和岛屿海岸线狭长,岛屿众多,既有中温带、暖温带等海上景致,更有热带、亚热带的海洋风光,是一个海洋资源丰富的大国,这就为海洋体育旅游的发展奠定了良好的基础。

近年来,我国的海洋旅游开发一直处于比较积极的状态。国务院批准的国家级旅游度假区主要为海洋风景区。

当前,我国滨海体育旅游的发展还不够成熟,基本处于起步阶段,海洋体育旅游是其中的主要部分之一。具体来说,就是在海洋旅游度假区内设置以休闲为主的体育项目,如高尔夫、潜水等。以海南为例,其主要的滨海体育旅游项目主要有高尔夫球、潜水、冲浪、帆板、水橇、游钓、海上快艇、高空跳伞、海滩球类、伞翼滑翔等,这些项目的主要特点都是特色鲜明、新奇刺激、参与性强,能使参与者对大海的魅力有更加深入的感受和体会。

(二)我国部分地区滨海体育旅游的发展状况

1. 海南海洋体育旅游发展迅速

海南是我国管辖海洋面积最大的省份。其有着优越的地理区位条件和得天独厚的海洋资源环境,这也是该地区海洋体育旅游发展的重要物质基础。海南对海洋体育旅游建设的相关政策中,都体现出了对海洋旅游业和新兴产业的大力支持。

当前,海南海洋体育旅游开发的项目众多,其中,已经成为重大赛事的有国际公路自行车赛、环岛国际大帆船赛、国际马拉松赛等。除此之外,还有高尔夫、沙滩排球、环球帆船赛等赛事。

2. 青岛海洋体育发展态势良好

青岛位于山东半岛南端,黄海之滨,海域空间广阔,海洋资源丰富,且近岸水域沙质优良、水动力条件好,海水质量较好,这些都赋予了其深厚的海洋体育开发潜力。

青岛是我国海洋资源非常丰富的海洋城市,其不仅有着良好的技术基础、传统海洋优势,还有着雄厚的群众基础和赛事条件,这些都在一定程度上为青岛市海洋体育的发展创造了良好的条件。

目前,我国最大的海滨浴场就在青岛,再加上极地海洋世界主题公园、海滨及温泉旅游度假设施、海上观光等,都对青岛城市

第五章　滨海体育旅游资源整合与发展研究

旅游的发展起到了积极的推动作用。

除此之外,青岛的游艇、游钓等海洋体育项目近年来也逐渐兴起,并成立了相关的俱乐部。不管是形式上还是内容上都具有多样性。同时,青岛与烟台、威海、东营、日照等滨海城市比邻,近几年已经逐渐凸现海洋体育旅游的集聚效应,对国内外游客的吸引力逐渐增大。

3. 厦门海洋体育独具特色

厦门有着丰富的天然海湾、海水、沙滩等资源,通过不断被开发利用,再加上其优越的区位和相对发达的体育产业基础,都为厦门海洋体育产业的发展奠定了良好的基础和条件。

被国家体育总局授予"精品体育旅游项目"之一的厦门国际马拉松赛是厦门海洋体育的拳头项目。除此之外,"横渡厦金海峡"长距离海上游泳比赛、海峡两岸自行车比赛的举行,以及近年来兴起的观音山沙滩风筝节、沙滩排球赛,五缘湾两岸垂钓赛、游艇节,以及海峡两岸龙舟赛、帆船赛等与体育相联系的活动,都为厦门体育旅游的知名度提升起到了积极的促进作用。

厦门所具有的优质沙滩、海岸、低潮、缓浪,对于沙滩排球、海泳、帆船、赛艇、垂钓等各种沙滩类体育运动和海上运动项目的开展是非常有利的;有"最美的海滨浴场"之称的大德记海边浴场,可长年进行游泳、帆船、钓鱼等运动和休闲活动;还有建成不久的沙滩足球场,对沙滩足球等运动的开展是有利的。

4. 浙江海洋体育发展潜力巨大

作为海洋大省,浙江省有着丰富的海洋资源,海岸线居全国首位,海岛和滩涂资源丰富,资源开发利用条件良好,海洋体育旅游资源丰富。

浙江较为具有代表性的体育旅游发展内容有很多,比如,舟山的海钓大赛、象山的海洋户外拓展运动、温州市的横渡海峡畅游活动等。这些海洋体育项目,都为全面开展海洋体育和科学利用海洋资源创造了良好的条件。

浙江省以海洋岛屿的区位优势为立足点,借助上海、杭州和宁波大型体育赛事资源,将重点放在开发和打造海钓、帆船帆板、海上龙舟、沙滩排球、铁人三项、横渡海峡、环岛自行车赛等国际国内品牌赛事上,这就为浙江省体育产业转型升级和体育旅游新型业态发展创造了良好条件。除此之外,在该地区各个海域大力兴建和发展海洋体育度假区,能够在共享自然资源的优势基础上,进一步促进其核心区的建设与发展。

二、制约我国滨海体育旅游发展的因素

(一)气候及水质等客观因素

对于我国的海洋体育项目的发展来说,其主要制约因素是海水质量不高及不少沿海城市冬季漫长。三亚、海口是少有的两个能全年开发海洋体育项目的城市,其他地区都或多或少地存在着气候和水质方面的制约因素。比如,厦门、深圳的海水质量一般;青岛、大连、烟台、威海、秦皇岛、东营、日照等滨海城市冬季漫长;浙江舟山和宁波近海沿线的海水质量混沌不清,缺乏高质量的沙滩,如此便导致了交通便捷的海岛水质欠佳而远离城市的岛屿资源丰富的现象。

(二)心理与性格等主观因素

敬畏大海,不喜欢冒险的民族性格对海洋体育旅游项目的开展是会产生阻碍作用的。海洋体育具有显著的风险性特点,冲浪、滑水、悬崖跳水、潜水、帆船等都在较大程度上挑战着人类的身体和心理,但是,中华民族文明体现的却是温和性。海洋体育对力量和自由是非常崇拜的,其强烈的个体自觉意识、竞争意识和开拓意识,在开放性、外向性、兼容性、冒险性、神秘性、开拓性、原创性和进取精神方面更加突出。

（三）学校和政府等社会因素

学校体育教育对海洋体育项目并没有很重视。我国的学校体育教育所涉及的海洋体育相关的课程非常少,人们对海洋体育的认识不足。中国人在海滨度假时很少去接触潜水、冲浪、沙滩排球、沙滩足球、游艇捕鱼等娱乐项目。

另外,海洋体育的发展在政府的规划中还没有一席之地。"海洋体育"的概念还没有被广泛认同,海洋体育旅游的地位也是模棱两可。除此之外,许多海洋体育资源的整合与开发,市场的战略布局、规划与管理等都还没有得到统一和确认。

（四）产业与管理等市场因素

当前,海洋体育旅游的产业规模和市场体系尚没有形成。国际海洋体育旅游发展强国的体育产业在国民经济中所占的比例是非常大的,这与我国恰恰相反。而海洋体育的产业规模和市场体系则更是处在雏形发展中,海洋体育旅游消费的有效需求不足,不公平竞争和海洋资源垄断等现象普遍存在。

从国内的现状来看,制定海洋体育的发展规划和优惠政策的城市非常少。同时,还存在着海洋体育的产业结构不尽合理、市场集中度低、企业规模较小、地区间发展不平衡、资源配置效率低下、市场体系不健全和缺乏国际竞争力等问题,亟需解决。

三、我国滨海体育旅游发展应采取的策略

针对我国滨海体育旅游的发展状况以及相关的制约因素,可以采取以下措施来加以应对,从而保证滨海体育旅游的可持续发展。

（一）进一步加强对发展海洋体育基本条件的认识

通过对欧美发达国家海洋体育发展的理论和实践的分析与

借鉴,并且与我国实际情况相结合,得出我国发展海洋体育旅游应该具备的基本条件主要有以下几个方面:

(1)必须在海洋资源丰富、海水质量较高、海岛、沙滩面积较大的滨海城市中开展。

(2)要选择人均 GDP 比较高的滨海城市,这样的城市才具有打造海洋体育项目的实力。

(3)要在当地形成或组建一批体育俱乐部、体育协会和体育组织。

(4)要以便捷的交通线路,飞机航线、高速公路、高速铁路或港口和码头为基本条件,以保证人们行程的顺利和便捷。

(5)要加大媒体的宣传报道的力度,做好策划工作,精心打造出海洋体育的品牌项目,品牌效应的产生,对海洋体育产业的发展和做大做强有积极影响。

(6)要将海洋体育与旅游、文化、历史、建筑、宗教等结合起来,形成集聚效应,使产业链不断扩展,通过对旅游综合体的打造来促进海洋体育的发展。

(7)要积极培养海洋体育运动项目开展的相关专业人才,可以说,高素质高质量的专业化人才是海洋体育产业发展的重要基石和保证。

(二)明确指导思想与战略定位

为了使经济发展方式的转变速度进一步加快,要坚持人海和谐、海陆联动、江海连结、山海协作,将海洋体育与陆域体育、户外体育与室内体育、竞技体育与大众体育、体育产业发展与公共体育服务、海岛资源开发与海洋生态保护等方面的关系处理好,加强体制机制创新,将现代海洋竞技体育、大众体育、体育旅游和体育产业新体系建立起来,努力把我国滨海体育旅游产业建设成海洋体育大国。

以我国滨海体育旅游资源条件、体育产业基础、海洋体育赛事优势和海洋体育的群众基础为立足点,加快海洋体育项目的

第五章　滨海体育旅游资源整合与发展研究

优化布局和科学开发,将海洋体育的发展重点和发展项目确定起来,提升我国滨海体育旅游发展的引领示范作用。

第四节　我国滨海体育旅游的典型资源整合

一、潜水旅游

(一)潜水运动概述

潜水作为一种滨海体育运动项目,实际上是一种为进行水下勘查、打捞、修理和水下工程等作业而在携带或不携带专业工具的情况下进入水面以下的活动。经过不断的发展和演变,现在的潜水更是一种在水下的活动,其主要作用是锻炼身体和休闲娱乐。

潜水运动主要分为两种类型:一种是浮潜,又可以分为浮游(只浮在水面不潜入水中)和屏气潜水(在憋住呼吸期间潜入水中);另一种是给气潜水(潜水者在潜水期间能得到气体的供应),又可分为自给气潜水(潜水者自己携带氧气瓶潜入水中进行的活动)和供气潜水(潜水者在水下活动期间,依靠一条送气管从水面将空气输送给潜水者使用的活动)。

(二)潜水装备

1. 基本个人装备

(1)呼吸管:通过呼吸管进行水下作业。

(2)潜水服:深水温度较低,而一套合身、厚度适宜的潜水服则能保证潜水活动的安全。

(3)面镜:主要作用是防止水进入鼻腔。

(4)蛙鞋:主要作用是提供水下推动力。

(5)气瓶:主要作用是供潜水者水下呼吸。

（6）潜水仪表：常见的有压力表、深度表、罗盘、潜水计时表等不同形式。

（7）浮力调整器（BC）：是控制浮力的装置。

（8）空气压力调节器：主要作用是调节气瓶里的压力。

（9）配重和配重带：配重是为了平衡浮力，配重带是固定和携带配重的工具。

2. 专业潜水设备

专业潜水设备主要包括潜水摄影、摄像机，主要作用是进行水下摄影、摄像。

3. 辅助潜水装备

除了上述基本个人装备和专业潜水装备外，潜水者还要适当准备一些辅助潜水装备，比如，潜水刀、潜水电脑、潜水浮标、水下电筒、水下记录板、药品箱、潜水日记、装备袋等这些。

（三）潜水技术

1. 技术要领

（1）准备工作。

准备工作的内容主要有：熟练掌握呼吸管和调节器的使用方法、水面休息方法以及紧急情况处理等。除此之外，潜水者还要做好装备功能的检查工作，这些工作都要亲力亲为，之后同伴之间应该再相互检查一遍，使水下的安全性得到保障。

（2）入水的姿势。

要在水深1.5米以上才能进行正面直立跳水，双脚前后开立，一手按住面罩，一手按空气筒背带。

背向坐姿入水时，面向里坐于船邦上，向后仰面入水。

（3）潜降。

使用浮力调节器，并配合配重带，头上脚下地进行潜降。如果不用浮力调解器，那么就需要头下脚上。

（4）上升。

潜水者在上升时应将上升速度控制在每分钟18米以内。

（5）不适合潜水的病症。

如果潜水者存在感冒、耳鼻疾病、心脏病、高（低）血压、糖尿病、醉酒、神经过敏病等，是不允许进行潜水的。

2. 潜水手语

我现在情况良好——"OK"。

注意（物体）方向——"食指指示方向"。

上浮——"右手握拳，拇指向上"。

下潜——"右手握拳，拇指向下"。

二、溯溪旅游

（一）溯溪运动概述

溯溪本身是一种与水有关的探险活动，具体来说，是指由峡谷溪流的下游向上游，克服地形上的各种障碍，穷水之源而登山之巅的活动。

从某种程度上来说，溯溪是一项将登山、攀岩、游泳、绳索操作、野外求生、定位等综合性技术结合在一起的户外活动，挑战性特点显著。

溯溪的方式主要有四种，即以地域研究为主的溯溪、漫无目的的溯溪、初级溯溪、完全溯溪。

（二）溯溪的装备器材

1. 技术装备

溯溪的技术装备主要有以下几个方面：

（1）主绳。

9～11米，防水，拉力：2 000～3 000千克，攀登用。

（2）安全带。

攀登者穿在身上，由铁锁等与主绳相连，主要作用是保护。

（3）铁锁。

主要作用是连接各种绳索、安全带及攀登器械，使用简便、容易。

（4）上升器。

主要作用是在向上攀登的器械上加以应用。

（5）下降器。

用于从上方下降到下方的器械。

（6）安全头盔。

使落石或跌倒时可能的碰撞得到避免，保护攀登者头部的安全。

（7）水镜。

对攀登者眼睛加以保护。

2. 个人装备

溯溪的个人装备主要有以下几个方面：

（1）溯溪鞋。

这是垂钓用的防滑鞋，具有鞋底摩擦力大，在湿滑的岩石上走特别方便的显著特点。

（2）护腿。

主要作用是防止蚂蟥等的叮咬。

（3）防水衣物。

应选择轻便、透气性良好、易干燥的尼龙面料。

（4）选择性装备。

根据具体情况和需求，有针对性地和选择性地选择保暖衣物和露宿帐篷、炊具、食品等，物资装备的准备以轻便、负重不宜过大为宜，帐篷可以携带外帐。

（三）溯溪技术

1. 攀登技术

要遵循"三点式"攀登的原则,具体来说,就是在攀登时四肢中的三点固定,使身体保持平衡,另一点向上移动。

2. 溯溪专用技术

溯溪专用技术有很多,主要有以下几个方面,要熟练掌握。

（1）穿越乱石。

峡谷溪流中多滚石岩块,且湿滑难行,在溪流中行走应该主要踩踏小碎石,在小碎石上行走一般不会滑倒。要踩踏大石块行进时,应看准踩踏地点,想好万一站不稳时的解决办法,使因踏上无根岩块跌跤或被急流冲倒受到伤害的情况得到有效避免。

（2）横移。

在岩壁瀑布下有深潭阻路,可以进行由两侧岩壁的岩根横移前进的尝试。要注意,岩石多湿滑,支点不易掌握,横移时须特别谨慎,有时支点隐藏于水下,此时以脚探测摸索移动,若特别困难,干脆涉水或泳渡更简单。

（3）涉水、泳渡。

涉水或泳渡时,一定要对水流的缓急、深度、有无暗流有准确的判断,必要时借助于绳索保护技术。在溯溪过程中经常使用绳索横渡过河,涉及一系列绳网、绳桥技术。

（4）攀登瀑布。

溯溪过程中最刺激,也是难度最大的技术,就是攀登瀑布。攀登前一定要对路线观察好,熟记支点,要充分考虑进退两难时的解决办法。瀑布主体水流湍急,但苔藓少,有时反而容易攀登。瀑布攀登虽然刺激,但难度大,经验和技术要求高,因此,不具备娴熟技术经验或初学者最好不要做这种尝试。

（5）爬行高绕。

在遇到瀑布绝壁,其他方法不能实现时,以爬行高绕的方式前进是比较理想的选择。具体来说,就是从侧面较缓的山坡绕过去,高绕时小心在丛林中迷路,同时避免偏离原路线过远,并确认好原溪流。

三、水中韵律操旅游

（一）水中韵律操运动概述

水中韵律操是水中健身操的一个部分,具体来说,其是一种选择那些在练习中有一定的动作节奏,采用单一的、复合的和成套的水中健身操,与音乐配合。

目前,水中韵律操的主要作用在于健身、娱乐、陶冶情操、锻炼身心,而且在水中的任何方向运动都将受到水的阻力,对人体的锻炼价值是陆上练习所无法达到的。因此,该项运动在滨海体育旅游中具有广泛的发展潜力和旺盛的生命力。

（二）水中韵律操的内容与技术动作

1. 有氧运动

（1）水中兔跳。

准备姿势：两手叉腰,或者双臂在身后交叉握手姿势,站在齐胸深的水里。

技术动作：两腿轻轻地屈膝,用大脚趾支撑身体。两脚并紧向前方跳跃（兔跳）,根据自己的体力,重复用两脚跳跃（兔跳）。尽最大努力向高跳。

（2）吸踢转。

准备姿势：两脚同肩宽,站立在齐胸深的水里,两手随意放置。

技术动作：一次完整的练习动作。一条腿屈膝抬腿至腰部,内旋内收靠近腹部。另一条腿做支撑脚,小腿向前踢水,同时身体沉入水中约 10 厘米左右。返回到准备姿势,用另外一条腿做同样的踢腿动作。就这样左右交替,重复做。做踢腿动作时使身体稳定是练习的关键。

(3)分腿跳。

准备姿势:两手放在腰部,站立在深至肩部的水里。

技术动作:做一次跳跃的动作,在跳跃过程中做两腿向左右分开和并拢的动作。

(4)吸踢腿。

准备姿势:两脚同肩宽站立在深至腰部的水里。

技术动作:在一次踢腿动作过程中,做下面一连串的动作。一只腿做支撑腿,在做向上跳的同时,抬另外一条腿的大腿至水平位置。

在支撑脚再向上跳起的过程中,抬起的小腿向前踢水。踢出去的腿回到原来位置,回位时支撑腿可以再做一次向上跳跃。根据自己的体力重复踢和跳的动作。左右腿交换重复做。做两腿交换踢腿动作时能够向前运动。

技术变化:支撑腿连续向上跳三次,在这个过程中,试着踢三次腿。第一次踢腿从正面向左 45°的方向踢,第二次向正面方向直接踢,第三次从正面向右 45°踢。

(5)滑雪步。

准备姿势:站立在与肩同深的水中,从肩开始到指尖,胳膊完全伸直。

技术动作:做这个运动以前,先看看滑雪的照片。尽可能向前方大步踏出去,胳膊前后摆动,脚的移动要和臂的摆动合拍。根据自己的体力,尝试着重复做。

(6)收腹跳转。

准备姿势:在齐胸深的水中,手在前方水面下。

技术动作:做向左右跳跃直径 40 厘米左右圆圈的动作。在跳跃的过程中,向反方向摆臂保持平衡。

（7）高抬腿跑。

准备姿势：站立在深至肩部的水中，手臂弯曲成直角，位于身体的前面并置于水里。

技术动作：尽可能做一边高抬腿，一边向前跑的动作。左右臂在身体的前面随着腿部的动作，小臂做上下的重复交叉动作。可以尝试定期变换手臂的转动方向。

（8）收腹跳。

准备姿势：站立于深至胸部的水中，手向侧面伸出去。

技术动作：两脚向上跳的同时收臂，用力屈膝、屈髋把大腿向胸部靠拢。回到准备姿势。

（9）单脚抱膝跳。

准备姿势：水深至胸部，单脚站立，另一腿屈膝向胸部收。两臂将膝部向胸部引靠。

技术动作：连续做四五次，或当支撑脚出现困难程度为止。交换支撑脚做同样的练习动作。

（10）插腰跳。

准备姿势：两脚分开同肩宽，站立深至胸部的水中，手放在腰部。

技术动作：屈膝使水深至颈部。向火箭发射那样尽可能向高瞬间爆发地向上跳跃。向上跳跃时，一定要用脚趾的根部蹬池底。落地后回到准备姿势，这个跳跃动作可反复进行。

（11）交叉跳。

准备姿势：水深至胸，两手插腰站立。

技术动作：尽可能的往上跳，在水中交叉两条腿，做这个动作的时候，一定要伸直脚腕和膝盖。再向上跳时，换另外一条腿在前交叉。变化（运动方式）：两脚交叉的时候可以尝试两个胳膊也交叉。

（12）侧摆跳。

准备姿势：入水至肩深，两手置于腰后。

技术动作：用支撑脚向上跳两次的过程中，另外一条腿尽可能的向侧面摆。摆上去的腿向支撑腿回拢,动作不要停顿,用另外一条腿向反方向上摆。

2. 下肢运动

(1)提踵练习。

准备姿势:面对池壁站立,伸出手臂放在池壁上,保持身体的平稳,脚触池底。

技术动作:把体重压在脚尖上,用力提踵向上伸。静止状态保持 8 秒后,回到准备姿势再重复做一次。持续约 1 分 30 秒。

(2)屈膝左右摆动。

准备姿势:背向池壁站立,用喜欢的方法利用池壁固定身体。一条腿的膝关节弯曲上提,用脚掌放在支撑腿的膝盖内侧。臀部靠近池壁,但不要接触到池壁。

技术动作:提起的腿外侧尽可能向池壁做外展、内收动作。提起腿的脚跟固定在支撑腿的内侧,用膝盖尽可能向左右摆动。变换支撑腿重复这个动作。变化(运动方式):尝试做摆动膝盖的动作,幅度减少一半,增加速度的动作。

(3)踢腿划圆。

准备姿势:背向池壁,用喜欢的方式靠近池壁站立,向正面伸腿上摆45°,伸直脚尖(这样做使抬起来的腿的肌肉接近抽筋状态)。支撑脚的脚掌完全的触地,并且腿要伸直。

技术动作:摆动腿的脚尖向顺时针方向画圆,脚尖摆的直径最少要 60 厘米以上。重复这个动作。用脚尖向逆时针方向做摆圆圈的动作。换一条腿做上面(1)和(2)的动作。

(4)水中压腿。

准备姿势:距离池壁一条腿的长度,面向池壁站立,抬腿,把脚后跟架在池壁上。

技术动作:慢慢的伸抬起来的腿,如果感到痛的话,不要勉强。这个伸展动作持续 6~8 秒。同样的动作重复。如果上述动作能够做好,做向前屈体弯腰动作持续 6~8 秒。重复做这个动作。变换支撑腿做同样的动作。

（5）前后踢腿。

准备姿势：侧对池壁站立，伸手摁着池壁，保持身体姿势稳定。

技术动作：伸直远离池壁的腿，尽可能的向前上方踢出。以髋关节为中心从前方向后方做摆腿，尽可能的向后伸腿。由前向后，由后向前重复摆腿动作。这个时候，从动作开始至结束均匀的用力。身体转向反面，用另外一条腿重复做这个动作。

技术变化：尝试，摆腿的幅度减半，增加摆腿速度。

（6）慢速下蹲起。

准备姿势：水深至腰，手置于腰的后部站立，两脚后跟相对，两脚尖45°方向分开（立正姿势）。

技术动作：身体下降30厘米或者屈膝至90°角。如屈膝时头浸入水中，就向浅的游泳池移动。回到准备姿势。重复以上的动作。

（7）伸展大腿前群肌。

准备姿势：脚掌全部触池底，面向池壁站立，伸臂扶着池壁，支撑身体。

技术动作：向后方弯小腿，脚靠近臀部，支撑腿膝关节可以弯曲。换一条腿重复这个运动。左右腿交换连续做弯腿动作。

（8）双腿交叉摆动。

准备姿势：头后部靠着池壁，身体成仰卧姿势，用喜欢的方法固定好身体。两腿伸直并拢。

技术动作：左右同时尽可能的向两边分腿，这时不要屈膝。同时并腿，这个时候，尽可能的交叉两条腿。再一次分腿。

（9）后踢腿。

准备姿势：身体成俯卧姿势，用手扶池壁固定身体姿势。

技术动作：两腿和脚腕充分伸直，向池底方向尽可能的大幅度摆腿。脚尖摆至接近池底的程度。向后摆的腿不要摆出水面，一定注意不要屈膝。

技术变化：尝试两腿向下摆动幅度减半，增加运动速度。腿一直都要伸直,为了提高肌肉的持久力,这个变换了的运动最少要持续1分钟至3分钟才有效。

3. 躯体运动

(1)身体左右旋转。

准备姿势:水深至胸,背对池壁站立,两臂向后伸,抓着池壁。

技术动作:下半身向左侧转。上半身不要动。做左右180°方向转动下半身。

技术变化:跳起来的时候变换下半身的转动方向。上半身不要动。

(2)屈伸双腿。

准备姿势:背对池壁,入水至胸站立,两臂向体侧伸出去抓着池壁固定身体。

技术动作:背紧贴池壁,两腿并拢伸直向前摆。膝盖和脚尖充分伸直,把腿摆至水面。屈膝摆腿至胸前。伸腿向池底回到准备姿势。重复以上运动。

(3)旋转呼拉圈。

准备姿势:背向池壁站立,两臂后伸同肩宽,抓池壁,伸肘并腿,脚后跟触壁。

技术动作:a(挺腹)形成背弓动作姿势,尽可能的伸展腹肌。b保持挺胸动作姿势,臀部触壁。重复做这个动作。a向水平方向做最大幅度的转腰动作,转动下半身时,上半身不要动b同一方向转腰3~4次后向反方向旋转。

(4)蛙跳。

准备姿势:水深至肩,面向池壁站立,两臂伸直抓池壁(两臂同肩宽)。

技术动作:两脚用力蹬池底,向上跳,屈膝向两臂中间靠拢,如果屈膝向两臂内侧靠拢动作幅度大时,膝盖能够出水面。回到准备姿势,重复做这个跳跃动作。

(5)双腿交叉。

准备姿势：水深至胸，背对池壁站立，两臂侧伸，手抓住池壁固定身体。

技术动作：背靠池壁，面向前方，两腿伸直抬至水平面。尽可能的左右分腿。并腿时交叉双腿。再次左右分腿。重复交叉腿。

技术变化：为了提高持久力，可减小摆腿的幅度，增加摆动速度。

(6)六次一换。

准备姿势：仰卧两臂左右分开，抓住池壁，固定身体。面向前方并把腿伸直。

技术动作：双腿屈膝收至胸前。在身体的前面膝盖向左侧倒。在胸脯的前面膝盖向右侧倒。再次重复（2）和（3）的动作，数6下后两腿伸直，回到准备姿势。

(7)档风玻璃刮水器。

准备姿势：水深至胸，背对池壁站立，两臂侧伸抓池壁，固定上体。

技术动作：背部靠近池壁，两腿并拢伸直，抬至前方的水平位置。为了使并拢伸直的两腿靠近池壁，尽可能的向左摆动。摆动后保持10秒左右。为了靠近池壁，尽可能的向右摆动。摆动后的腿的姿势保持10秒左右。省略10秒的静止伸展时间，腿由左至右，由右至左连续大幅度的摆动。

技术变化：为了提高持久力，减小摆动幅度，增加运动速度。

4. 上肢运动

(1)搅动器。

准备姿势：两脚同肩宽站立，水深至肩，保持身体稳定。两臂手臂与地面45°角充分伸展，手指并拢，手掌心向前。

技术动作：腰以下不动，上半身左右交替转动，两臂保持准备姿势。

技术变化：手置于腰部，肘放在两侧，然后，左右转动上身用身体来划水。

(2)前后摆臂。

准备姿势:两脚前后站立。两臂放松置于体侧,手掌心向后。

技术动作:以肩关节为轴心,手臂前后摆动。手臂要伸直,尽最大的幅度摆动。

技术变化:手掌心向前做同样的动作。这样做后可以从不同的角度刺激手臂的肌肉。

(3)叠掌下压。

准备姿势:两脚同肩宽站立。两臂伸直置于身体的正面,两手掌重叠,手掌心向下。

技术动作:两臂用力向下压水置腹部。两臂用力,用手背向上顶水回到原来的位置。

技术变化:尝试,手臂减小摆动幅度,增加摆动速度。两手在体后重叠,试着做同样的动作。

(4)水中划"8"字。

准备姿势:两脚同肩宽站立,在前方水面下伸直手臂,两掌心合拢。

技术动作:在身体的前面用手指尖划"8"字。两臂始终要伸直,运动由肩部开始。向反方向划"8"字。

技术变化:尝试,划小的"8"字,增加运动速度。

(5)高尔夫挥臂。

准备姿势:两脚同肩宽站立,把手放在体前两手掌合拢,上半身微前倾,两臂向下伸展。

技术动作:伸向下方的手臂向侧上方摆动(尽可能的上摆)。向下面反方向摆动。在一个垂直面上,做这个摆动的动作。摆动的手臂动作不要摆出垂直面的前后。

技术变化:尝试,减小摆臂动作幅度,增加运动速度。

(6)含扩胸。

准备姿势:两脚前后站立,两手叉腰,水深至肩。

技术动作:用两手叉腰姿势的两肘向前后运动,这个时候两手要叉腰。

（7）耸肩绕环。

准备姿势：两脚同肩宽站立，水深至头，两手叉腰，保持身体平衡。

技术动作：在水中两手叉腰，向前转肩。向后转肩。

（8）潮汐波动。

准备姿势：面向池臂站立，两腿并拢，脚尖触池壁。两臂屈肘置于体侧，两手抓池壁。

技术动作：身体绷直，伸直手臂，身体向后离开池壁。下面屈臂回到准备姿势，做推拉池壁动作时，用力要均匀。

技术变化：增强推壁力量，减小拉壁力量或增强拉壁力量，减小推壁力量。

（9）展翅飞翔。

准备姿势：两脚同肩宽站立。两臂伸直置于体侧，手掌心置于大腿的旁边（立正的姿势）。

技术动作：两臂伸直，向侧上方摆至肩高。两臂回到原来的位置。这个动作像鸟展翅飞翔那样圆滑的做。

技术变化：摆臂动作幅度减半，增加动作速度。向上摆臂时，用最大的力气，向下收臂时不用力。也可向上不用力，向下用力。

5. 其他运动

（1）游泳圈划水。

准备姿势：把里面有空气的游泳圈置于腰部的下面（仰卧姿势）。把手臂和腿放在水面上。

技术动作：用适合自己体力的速度，在游泳池两端之间用手划水向前进。为了尽可能的增加阻力，把腿放在水里拖着走。为了强化腹肌，要充分伸直两腿，放在水面上。下面，向反方向划水。

准备姿势：把里面有空气的游泳圈置于腹部的下面。身体紧张伸直，腿部浸在水里。

技术动作：在池壁的两端之间，用手臂划水前进。用自由泳的动作来划水。用蛙泳的动作来划水。每在游泳池往返一圈后，试着改变划手的方向。

准备姿势：把游泳圈穿在身体上。游泳圈置于身体的前臂或胸脯部分。

技术动作：成俯卧姿势漂浮在水面上，用自由泳的动作来划水。为了增加阻力，把腿拖在水里。仰卧于水面，用仰泳的动作划水。

（2）游泳圈打水。

准备姿势：把游泳圈穿在身体上。游泳圈置于身体的前臂或胸脯部分。

技术动作：俯卧姿势漂浮在水面上，在游泳池的两端间，用自由泳腿打水前进。身体仰卧，用仰泳腿打水。每在游泳池的两端之间游一个往复后，试着用蛙泳腿、海豚腿打水。

（3）踩水（主要针对会游泳的人）。

技术动作：这个运动在深水中进行。直立躯干，用两臂两腿向下压水（踩水）。只用两腿向下踩水。只用两手向下压水。

第六章 其他体育旅游资源整合与发展研究

我国有着丰富的体育旅游资源,体育旅游的形式也是多种多样。除了山地户外体育旅游和滨海体育旅游之外,还有其他一些典型的体育旅游,比如,少数民族传统体育旅游、乡村体育旅游、高端体育旅游等。这些都是我国体育旅游的重要组成部分。本章主要针对这三种体育旅游资源及其整合发展进行全面地分析和阐述,由此能够使人们对我国体育旅游资源有更加全面和具体的了解,对体育旅游资源的发展和整合有整体性的把握,对积极参与到体育旅游活动中有着积极的指导意义。

第一节 少数民族传统体育旅游资源整合与发展

一、少数民族传统体育旅游资源概述

(一)少数民族传统体育旅游的概念界定

1. 少数民族传统体育

尽管民族传统体育有着悠久的发展历史,但是,对少数民族传统体育概念的研究是从 20 世纪 80 年代初才开始的。关于少数民族传统体育的概念,可以界定为:在我国,存在于除汉族以外的其他 55 个民族中的传统体育。

2. 少数民族传统体育旅游

在少数民族传统体育的基础上,再加上对相关体育文化资源的开发和利用,逐渐形成了少数民族传统体育旅游。少数民族传统体育旅游的兴旺、效益如何会受到很多因素的影响和制约,其中,起到决定性影响的因素主要有少数民族传统体育文化资源是否丰富以及少数民族传统体育文化资源有多大的开发价值。

要对少数民族传统体育旅游的概念有更加深入细致的理解,需要从不同的角度去探索。

从广义上进行理解,少数民族传统体育旅游是旅游者在旅游中所从事的各种活动与相关事物之间关系的总和。具体包含两个方面:一个是身体娱乐、身体锻炼、体育比赛、休闲养生以及少数民族传统体育文化交流活动;另一个是旅游地、相关部门和社会。

从狭义上进行理解,少数民族传统体育旅游的主要目的在于满足和适应旅游者的各种旅游需求。实现途径为各种各样的少数民族传统体育活动,通过其诸种功能和价值的挖掘和发挥,来达到和谐发展旅游者的身心,丰富社会文化生活的一种活动形式。

(二)少数民族传统体育旅游资源的基本类型

目前,对少数民族传统体育旅游资源的分类还没有统一的认定,分类方法多种多样,比如,有按地区将少数民族传统体育旅游资源分类的,有按少数民族传统体育旅游的主题分类的,还有按少数民族传统体育文化结构分类的。这里主要以民俗内容对少数民族传统体育旅游资源的类型进行划分,主要有以下几个方面:

1. 生产劳动中的民族传统体育旅游资源

人类的生存和发展,都是在生产劳动中不断实现的,同时,这也是体育活动产生与发展的重要起源。通过对少数民族体育产生与发展的历史过程进行分析可以得知,对于那些具有显著民族特色的民族体育活动来说,基本上都是在生产劳动中逐渐产生、发展的,并且逐渐演变成了传统项目或竞技项目,也因各自的不同特点受到人们的欢迎与青睐。对于大部分少数民族来说,他们主要的分布地点通常为高山峡谷、崇山峻岭、密林深处,农业是主要的生产方式。在长期的农业生产劳动过程中,人类逐渐适应自然环境的变化,不断同野兽作斗争,在这样的环境中,与生产劳动密切相关的具有山地民族特色的各类体育活动逐渐萌芽并形成。

2. 宗教类型的民族传统体育旅游资源

宗教本身就是一种意识形态,适应性较强,社会根源和认识根源深厚,这也就决定了宗教活动的长期性。对于那些传承下来的宗教祭祀性体育活动,往往都是通过宗教礼仪、祭祀时间、法事内容等形式来将该民族的战争、生产方式、生活方式等方面表现出来的。比如,祭铜鼓与战争、祭山神与狩猎、祭谷神与农业生产等。这些节令活动与大多数民族心理是相适应的,因此,这就充分调动起了人们参与这一类型民族传统体育活动的积极性和主动性。很多载歌载舞的少数民族传统体育项目都能够反映出社会生活和对自然界的理解、情感、愿望和意志。较为典型的有敖包节、庙会等宗教节日中的摔跤、赛马、射箭、叼羊等。

3. 婚俗丧葬中的民族传统体育旅游资源

中国的少数民族起源和发展的环境是特定的,因此,便形成了独具特色的婚俗和丧葬礼仪,并且较好地传承了下来,可谓民族风格古朴,色彩浓郁,别具一格。其中,与恋爱、婚俗礼仪有密切关系的民族体育活动就不少,这些体育活动中往往蕴含着寻觅爱慕之人或者婚礼过程,将庆贺和祝福之意充分体现了出来。此外,也有一些体育活动是在丧葬礼俗中进行的,以此来祭祀亡者的灵魂,其古朴的程式、庄重肃穆的气氛,也赋予了体育活动神秘的特点。

第六章　其他体育旅游资源整合与发展研究

4. 民族艺术中的传统体育旅游资源

我国的历史悠久,在原始社会,先民经历了漫长的原始狩猎生活阶段,当时所产生的体育娱乐活动就是原始的狩猎歌舞。音乐,是我国少数民族在各种体育娱乐和竞赛活动中不可缺少的重要内容之一。体育和音乐活动往往会作为许多节日的主要内容存在。比如,苗族的"芦笙会""龙船节",布依族的"麻坡歌节""跳花场",侗族的"赛芦笙与赶歌场"等。在这些活动中,音乐与体育融为一体。

5. 依附地理环境的民族传统体育旅游资源

这一类型的民族传统体育旅游资源,又可以进一步细分为以下几种形式:

(1)山地民族传统体育。

我国地域辽阔,山川密布,很多少数民族都以此为聚居地,各种山脉上也分布着少数民族聚居区,比如,5 000米以上的喜马拉雅山、昆仑山、横断山、天山、唐古拉山、冈底斯山等。高山之间的峡谷深度可达3 000米以上,这就为居住在山地、峡谷和高原地区人们进行登山活动提供了绝佳的资源。

(2)草原民族传统体育。

我国的草原主要集中在内蒙古、新疆、青海、西藏、四川等省区。在水草丰美的辽阔草原上,很多民族都以游牧为主,并被赋予了"马背上的民族"的美称。也正是长期处于这样的环境中,他们剽悍勇猛、开朗豪放的民族性格才得以形成,并且几乎人人都有精湛的骑术。同时,与这种特殊地理环境相适应的各种传统体育活动也被创造出来,并且体现出了浓郁的游牧民族特色。赛马、马球、马术、叼羊、姑娘追等都是典型的草原民族传统体育项目。

(3)北国冰雪民族传统体育。

东北地区地处偏远,冰冻期长。在这样的环境中,满族、达斡尔、鄂伦春、鄂温克等少数民族为了适应生活、生产、军事上的需要,发明了一些利于日常生活的工具和用具,较为典型的有冰鞋、爬犁、拖床等，同时，各种滑冰技术也应运而生。我国古代，就有冰嬉这一冰上活动，这是对冰雪资源充分利用的一个典型代表。除此之外，现如今的滑雪、滑冰运动也成为人们非常喜爱的活动，如此不仅能锻炼和提升运动者的身体素质，还能有效锻炼人们战胜困难的意志。冰上运动已成为我国北方冬季最有魅力的传统体育项目。

（4）南国水乡民族传统体育。

南国水乡与东北的严寒地冻是不同的，其主要特点是气候温和、江河众多、水源充足，因此，在这样的环境中，大多数的少数民族大都善于水上活动，比如典型的游泳、潜水等。龙舟竞渡活动不仅有着悠久的历史，并且一直深受人们的欢迎。海南的黎族，广西的壮族、京族，云南的傣族、白族，贵州的布依族、苗族，湖南的土家族、侗族、瑶族等，在日常生活中就处处与水打交道。由此不断衍生出相关的一些传统体育活动，如赛龙舟、游泳、跳水、踩独木滑水、抢鸭子等。龙舟竞渡是水乡最为典型的体育活动之一，具有开展最普遍、历史最悠久、规模最大的显著特色。

（三）少数民族传统体育旅游资源的分布特征

1."大杂居、小聚居"

我国的一个多民族国家，确切来说，是一个多民族大杂居小聚居生存的"混居"状态。民族传统体育项目是各民族创造的民族传统文化的典型代表之一。各民族"混居""大杂居"的状态赋予了民族传统体育项目"大杂居"的特征，在地域上的差别是比较小的。

与"大杂居"相对的是"小聚居"，这一特征主要体现在：项目在地域分布相对比较集中，项目的地域性特征突出。

2. 资源集中在经济相对落后地区

由于少数民族所处的区域往往是较为偏远的，受当地自然、历史等因素的影响，该地区的民族区域经济发展水平较低，社会

第六章　其他体育旅游资源整合与发展研究

发展比较滞后,有的甚至存在严重的贫困问题,这就导致了民族传统体育的发展会因基础设施严重落后、产业发展薄弱、人力资源开发滞后、城市化进程缓慢、生态环境不容乐观等原因而受到发展上的制约。除此之外,在社会经济形态上也较为落后,甚至原始公社制仍然保留着。

3. 民族交融性

在我国这一特定的地域内,各个民族的"混居"状态,也使得各个民族之间并不是各自独立的,而是存在着一定的交互性,这是体育项目和文化等方面都有所体现。目前,许多项目内容都是各个民族文化整合的结果,具体来说,就是通过对不同民族文化因素的吸收而形成多民族共有的传统文化。但也不乏一些项目从当初某个民族或某几个民族"独立"出来,经过不断的交融,而成为中华民族所热爱的共有文化遗产。龙舟竞渡就是一个较为典型的例子,由最早时各地龙舟的形态、比赛的时间、方式各异,随着我国各民族文化的交流和融汇,龙舟竞渡活动在许多地区都会举办,并且举办时间、龙舟样式、竞渡规则上也都大同小异。

4. 地域和环境的依附性

地理生态环境,主要指的是各民族的生存空间。对于众多民族来说,它们在不同的地理环境中存在,同时处于不断的适应、改造和再适应、再改造的状态中,也正是在这一过程中,各具特色的文化被创造出来。一个民族长期繁衍生息与其特定的生产方式是有着密不可分的联系的,经济是一切事物发展的根基,其会影响到一个民族的传统体育活动及其形成的宗教观念、审美情趣等民族体育文化现象;相反的,该地区生产、生活方式与社会风俗习惯也能够通过民族传统体育的内容和形式得到反映和体现。

二、少数民族传统体育旅游资源的开发

少数民族传统体育旅游资源开发具有非常重要的意义,具体

来说,其不仅能够使旅游资源得到进一步丰富和充实,还能有效促进思想解放和科学文化知识传播,使民族经济发展速度进一步加快。因此,开发少数民族传统体育旅游资源势在必行。

(一)少数民族传统体育旅游资源开发的步骤

在开发少数民族传统体育旅游资源时,一定要遵循基本原则,比如,民族体育资源与自然人文资源相结合原则、体验性与观赏性相结合的原则、收益性与保护性相结合的原则、多样性与统筹性相结合的原则等。在此基础上,按照相应的步骤来进行有序开发,具体如下:

第一,对少数民族传统体育旅游资源进行充分调查、分析和评价。所调查的内容主要包含资源的类型、数量、分布、特色,然后对其开发利用的价值功能加以分析,并且制定出少数民族传统体育旅游资源调查分析及评估报告。

第二,对少数民族传统体育旅游资源开发的可行性进行有效论证。所涉及的方面主要为开发以后的经济、社会、环境等方面的影响以及开发技术等。

第三,将少数民族传统体育旅游资源开发的战略和路径确定下来。具体而言,需要明确的内容有:少数民族传统体育旅游资源开发的内容、规模、市场定位、运作机制、产品营销方式等方面。

第四,将开发的总体方案制定出来,并进行实施开发。向政职能部门提交总体方案进行审核,待审核通过后,再制定出详细的实施措施并加以执行。

(二)少数民族传统体育旅游资源开发的路径

在开发少数民族传统体育旅游资源时,不仅要按照特定的步骤进行,还要采取与之相适应的合理路径。具体如下:

1. 以原生态型为主

少数民族传统体育在长期的发展、传承过程中,独具魅力,这

第六章 其他体育旅游资源整合与发展研究

在它的文化源泉与生态背景上都有所体现,但也不乏自然协调与融洽的原生态特性上。因此,为了进一步推动少数民族传统体育旅游资源的开发,不仅要将现有的相关资源充分利用起来,还要对现有资源进行整合、优化,将民族传统体育旅游的社会化、市场化特点充分展现出来,利用民族地区的自然地理资源、人文资源和少数民族传统体育原生态特性来对少数民族传统体育旅游业进行整合和进一步开发、完善,从而形成"以体促游"的良性互动局面,促进少数民族特色经济的迅速发展。

2. "主题公园——民俗村"

当前,人们的生活水平不断提高,用于体育运动的消费水平也有所上升,为了满足各族人民多样化和多层次化的消费需求,"主题公园——民俗村"的模式应运而生。具体来说,就是通过在异地以兴建少数民族民俗村的方式,让多姿多彩的民间节日盛会得到普及和传播,这样就为少数民族文化与风情的展示提供了舞台,如此一来,现代主题公园的旅游开发模式也得以构建起来。

3. 村寨结合

村寨结合路径,就是将旅游村寨和少数民族体育文化两者通过有机结合,形成一种新型的体育旅游形式。这样不仅能有效满足部分游人"重返大自然"的需求,同时,还能使当前风景区城镇化的倾向得到克服,分流渠道有所增加。要注意,在采取村寨结合路径时,一定要保持乡村民族旅游村的原貌,在此基础上再去突出特色,将其功能的多样性和参与性体现出来,并且以此为依据,将行程合理特色鲜明的民族体育旅游线设计规划并推出来。

4. 节庆融合

节庆融合路径,实际上就是通过节庆延伸文化这一载体的利用,来将多方面精华汇集起来,从而形成精品式的旅游表演。对于各个民族来说,他们所特有的节日活动特色各异,而在节庆期间,不可或缺的两项重要内容,一个是少数民族歌舞,一个是少数民族传统体育,其中,重头戏是少数民族体育竞技比赛和表演,可见其重要性。

三、我国少数民族传统体育旅游的典型资源整合

(一)毛莱球运动

1. 毛莱球运动概述

毛莱球运动是瑶族的传统体育运动项目,其历史悠久,也被称为木头球。木头球在空坪、禾场、河滩、岗坡、干稻田内均可进行比赛,球与木棍可就地取材,非常方便。

木头球以其场地器材简便、运动效果良好,极具推广价值。

2. 毛莱球运动的基本技术

基本姿势:两脚开立略宽于肩,前后错出一脚,屈膝弯腰,重心落于两脚之间。

(1)进攻技术。

① 运球。

首先以身体阻碍对方抢断球的路线,击球时不做预摆动作,在击球板与球保持尽可能长时间接触的情况下,利用腕关节的旋转动作将球向前拨推。

② 传球。

利用手臂和腰部力量,由向后预摆开始,转腰发力,即而挥臂使击球板向前将球击送出去,包括沿横轴传球法和沿纵轴传球法。

③ 接球。

以地滚球为例,接地滚球时,来球速度较慢,力量较小,应持板主动迎球,触球的瞬间转动板面角度,并按自己的传球方向拨球。

④ 射门。

预摆动作要短暂,利用垫步或侧滑步调整步点,侧身扭腰转体,挥摆击球板,板头不超过肩部,用击球板的板头击球将球击入球门。

（2）防守技术。

① 抢断球。

正面抢球时,两脚开立,两腿微屈,上体前倾,身体重心下降并落于两脚之间,面对对手。当对手拨球离板时,迅速跨步阻截对手前进路线,并用击球板触球。侧面抢球是与运球者平行跑动或从后面追成平行时,身体重心稍微下降,同时身体接触一侧紧贴对方身体,冲撞对方身体,使其身体重心失去平衡,从而乘机抢球或破坏对方运球和传球。

② 封堵射门。

封堵队员正确的防守位置一般在球门与射门队员之间。

防守时,要经常以快速灵活的步法移动,使自己始终保持正确的防守位置,随时准备封挡对方射门的球。上步时,前脚向前移一小步,后脚迅速跟进,重心落于两脚之间;撤步时,后脚向后撤一小步,前脚迅速撤回,重心保持在两脚之间;当球由一侧转移到另一侧小角度时,为便于封堵,应迅速以两脚为轴转动两腿及髋关节,使身体朝向转为另一侧;同时,持板手前手沿板柄滑至后手处握板,接着后手与前手交换,迅速沿板柄前移握板。

封挡时,两脚前后开立与球门线平行并下蹲,使后腿膝关节落于前脚踝处,勿着地,两腿间尽量不留空隙;同时上体侧转,面对球的方向,双手持板,板头在前腿前面,使身体和板尽可能大面积挡住球门。

（二）查拳

1. 查拳运动概述

查拳是中国传统武术中的优秀拳种之一,很早就盛行于鲁西冠县一带,后来逐渐流传到全国和世界各地。

关于查拳的起源,说法有三:唐朝平乱说、明末御倭说和清末抵抗八国联军之说。

鲁西冠县是查拳的发源地,被誉为"查拳之乡"。查拳的代表人物,早期应首推清朝雍正时期的"飞腿"沙亮。

查拳是长拳类的主要拳种之一。它通过窜蹦跳跃、闪展腾挪和起伏转折等动作,展现出筋顺骨直、灵活敏捷、动静分明、剔透玲珑、潇洒飘逸、自然大方、快速多变和节奏鲜明等长拳类拳种共有的风格与特点。

2.查拳运动的基本技术

(1)腿法。

①桩(撞膝)。

支撑腿直立,另一腿屈膝提起,向前上方撞击,脚面绷平,力达膝盖。或支撑腿直立,身体向支撑腿方向转体;另一腿屈膝提起,随转体从下向异侧上方弧形撞击,脚面绷平,力达膝盖。

②踩(蹬腿)。

支撑腿直立,另一腿由屈到伸,脚尖勾起用脚跟猛力蹬出。

③弹(弹腿)。

支撑腿直立,另一腿由屈到伸向前弹出,脚面绷平,力达脚尖。

④踢(踢腿)。

正踢腿:支撑腿伸直,全脚掌着地,另一腿膝部挺直,脚尖勾起前踢。接近前额,上身保持正直。

斜踢腿:支撑腿伸直,全脚掌着地,另一腿膝部挺直,脚尖勾起,踢近异侧耳部。

侧踢腿:支撑腿伸直,全脚掌着地,另一腿膝部挺直,脚尖勾起,经体侧踢向脑后。

⑤踹(侧踹腿)。

支撑腿直立,另一腿由屈到伸,脚尖勾超,用脚底向侧方踹出,上身倾斜。

⑥泼(勾挂腿)。

一脚向前迈步,屈膝略蹲,另一脚由后勾脚向异侧前上方擦离地面,弧形上摆,然后屈膝回收,脚尖朝上。

⑦扫(前扫腿)。

支撑腿屈膝全蹲作轴,扫转腿伸直,脚内扣,脚掌擦地,迅速扫转一周。

⑧勾(勾踢)。

一腿直立,膝微屈;一腿小腿后摆,随即挺膝勾脚,沿支撑脚内侧向前摆起。

⑨挂(里合腿)。

一腿伸直,脚不动;一腿直腿勾脚,从下经体侧向头前上方踢摆,然后经另一侧向下摆落。

⑩排(外摆腿)。

一腿直立,一腿勾脚向异侧上方踢起,经脸前向外呈扇形摆落。

⑪缠(缠腿)。

一腿直立,一腿向里绕环,屈膝,脚尖勾起并内扣,上身微倾。

⑫点(点心腿)。

支撑腿挺直站稳,另一腿由屈到伸向前点出,脚面绷平,力达脚尖,上身后仰。

⑬撩(后撩腿)。

支撑腿伸直,上身前俯,抬头挺胸;另一腿向后上方撩踢,力达脚掌。

⑭截(截腿)。

一腿直立,一腿屈膝提起,脚尖翘起;然后立地之腿略蹲,提起之腿脚尖外展,以脚底为力点,向前下方斜伸,脚内侧斜朝前。

⑮拐(拐腿)。

一腿直立,一腿小腿后屈,脚尖朝下,从后向同侧横摆,同侧手迎击脚外侧。

(2)平衡。

查拳的平衡技术的具体形式主要有以下几种:

①提膝平衡。

一腿伸直支撑,一腿屈膝提起,脚面绷平扣于支撑腿前面。

②扣腿平衡。

一腿屈膝半蹲,一腿屈膝勾脚,脚背扣于一腿腘窝处。

③望月平衡。

支撑腿伸直或稍屈站稳,上体侧倾拧腰,向支撑腿同侧上翻,挺胸塌腰;另一腿在身后向支撑腿的同侧方上举,小腿屈收,脚面绷平,脚底朝上。

(3)跳跃。

查拳的跳跃技术的具体形式有以下几种:

①腾空飞脚。

摆动腿高提,起跳腿上摆伸直,脚面绷平,同一体侧之手在额前拍击前踢之脚面。

②转身腾空飞脚(回马腿)。

腾空之后,在空中向后转身,并做飞脚动作。

③旋风脚。

摆动腿直摆或屈膝,起跳伸直,腾空转体270°;异侧手击拍脚掌,击拍响亮,转体360°落地。

④腾空摆莲。

摆动腿要高,起跳腿伸直外摆,脚面绷平,两手依次击手拍脚共三响。

⑤腾空箭弹。

身体腾空,起跳腿由屈到伸向前弹出,脚面绷平,力达脚尖。

⑥腾空侧踹。

两腿同时起跳腾空,一腿屈膝上提,一腿向同侧方向做侧踹。

(4)十路弹腿。

弹腿顺序歌诀

头路顺步如担扁,二路十字似拉钻,

三路劈盖夜行犁,四路撑扎左右盘,

五路挑打钻封闭,六路仆搂是单坎,

第六章　其他体育旅游资源整合与发展研究

七路双坎紧掩肘,八路桩跺腿连环,
九路捧锁鸳鸯腿,十路箭弹势归原。
能测其中奥妙义,打开难关献绝技。

①第一路:冲拳。

并步直立:两腿并步站立;两臂自然下垂于两腿外侧;眼向前平视。

并步对拳:两臂侧平举,四指并拢,大拇指张开,掌心朝下;目视左掌。上动不停。两手握拳,拳心朝下,直臂由两侧向前平击成对拳,拳眼相对,与肩同宽、同高;目视前方。

马步抱肘:左脚向左撤步,右腿屈膝成右弓步,同时,身体右转;两臂屈肘外旋,抱肘于右胸前,拳心朝内;目视右前方。上动不停。身体左转成左弓步;同时,两臂向下经腹前向左胸前挥臂抱肘,拳心朝内;目视左前方。上动不停。身体右转成马步;两拳收至腰间,拳心朝上;目视前方。

左弓步左冲拳:体稍左转成左弓步;同时,两拳向左右冲出,拳心朝下;目视左拳。

马步左盘肘:身体右转成马步;左肘略屈,左拳向右平摆贯击,再屈肘向左顶击,并平收至左肩前,拳心朝下,肘与肩平;右拳收至腰闻,拳心朝上;目视左方。

左弓步右撩拳:身体左转成左弓步;左拳以肘为轴,以拳背为力点向前下抡砸。左臂继续直臂向下经左膝向左后方摆起成立拳,略高于肩;同时,右臂内旋下垂体侧,并以拳背为力点向前直臂撩起,拳心朝下,与肩同高;目视右拳。

砸拳右弹踢:右拳以肘为轴,以拳背为力点,向下经内再向上、向前下方抡砸于腹前。上动不停。左腿挺直,右腿屈膝提起向前平弹;目视前方。

右弓步右冲拳:右脚向前落步,成右弓步,同时,身体左转;右拳向前冲出,拳心朝下;目视右拳。

马步右盘肘:同动作马步左盘肘,唯方向相反。

右弓步左撩拳:同动作左弓步右撩拳,唯方向相反。

砸拳左弹踢：同动作砸拳右弹踢,唯方向相反。

左弓步左冲拳：左脚向前落步成左弓步,同时,身体右转；左拳向前冲出,拳心朝下；目视左拳。

上步提膝右冲拳：右脚向前上步,膝略屈,脚尖内扣；右拳收至腰间,拳心朝上。身体左转,右腿挺直,左腿提膝；右拳向右侧冲出；目视右拳。

②第二路：十字腿。

马步左冲拳：左脚向左侧落步,屈膝半蹲成马步；左拳向左侧冲出,拳心朝下；右拳收至腰间,拳心朝上；头随之左转,目视左拳。

左弓步右冲拳：身体左转成左弓步；左拳收至腰间,拳心朝上；右拳向前冲出,拳心朝下；目视右拳。

左冲拳弹踢：左腿挺直,右腿屈膝提起向前平弹,同时身体右转；左拳向前冲出,拳心朝下；右拳收至腰间,拳心朝上；目视前方。

马步右冲拳：同动作马步左冲拳,唯方向相反。

右弓步左冲拳：同动作左弓步右冲拳,唯方向相反。

右冲拳弹踢：同动作左冲拳弹踢,唯方向相反。

左弓步左冲拳：左脚向前落步成左弓步,同时,身体右转；左拳向前冲出,拳心朝下；右拳收至腰间,拳心朝下；目视左拳。

上步提膝左冲拳：动作同上步提膝右冲拳,唯方向相反。

③第三路：劈砸。

左弓步左冲拳：左脚向左侧落步成左弓步；左拳向左侧冲出,拳心朝下；头随之左转,目视左拳。

左虚步架栽拳：左拳收至腰间,拳心朝上；同时,身体左转；右臂屈肘外旋向胸前格掩,拳心朝内,拳面朝上,高与鼻尖平；目视右拳。上动不停。身体右转,右腿屈膝成右弓步；右拳收至腰间,拳心朝上；同时,左臂屈肘向胸前格掩,拳心朝内,拳面朝上,高与鼻尖平；目视左拳。上动不停。左脚蹬地后退半步,脚尖点地成左虚步,同时,身体左转；左臂内旋,以拳面为力点,向下栽

· 154 ·

击于左膝上方；右拳从右弧形上摆,架于头右上方,拳心朝前。

左弓步抡劈：左脚前上半步,膝略屈；左臂内旋向上,右臂外旋向下,屈肘在胸前交叉,左臂在外,拳心朝外,右臂在内,拳心朝内。上动不停。左腿屈膝成左弓步；同时,左拳向上、向前、向下立拳劈击,拳眼朝上；右拳向下经腹前向后摆伸。高与肩平齐,成立拳,拳心朝前,拳眼朝上。上动不停。身体左转；左拳继续向下、向后上方摆起成立拳,拳心朝外,拳眼朝上；同时,右拳由后向上、向前、向下直臂立拳劈击,拳眼朝上,高与肩平；目视右拳。

砸拳右弹踢：右拳以肘为轴,以拳背为力点,向下经内向上、向前、向下方抡砸于腹前。上动不停。左腿挺直,右腿屈膝提起向前平弹；目视前方。

右弓步右冲拳：同动作左弓步左冲拳,唯方向相反。

右虚步架栽拳：同动作左虚步架栽拳,唯方向相反。

右弓步抡劈：同动作左弓步抡劈,唯方向相反。

砸拳左弹腿：同动作砸拳右弹踢,唯方向相反。

左弓步左冲拳：左脚向前落步成左弓步,身体右转；左拳向前冲出,拳心朝下；右拳收至腰间,拳心朝上：目视左拳。

上步提膝右冲拳：动作同第一路上步提膝右冲拳。

④第四路：撑扎。

左弓步左冲拳：左脚向前落步成左弓步；左拳向左侧冲出,拳心朝下；头随之左转,目视左拳。

左弓步右冲拳：身体左转；右拳经腰间向前冲出,拳心朝下；左拳变立掌,屈肘回收,掌指附于右肘内侧,掌心朝右；目视右拳。

左推掌右弹踢：左腿挺直,右腿屈膝提起向前平弹；右拳收至腰间,拳心朝上；左掌向前推出,掌指朝上与眉齐,小指外侧朝前；目视前方。

右虚步右穿推掌：右脚落步成右虚步；身体左转；右拳变掌,沿左腕上向前穿推成侧立掌；左掌回收附于右肘内侧,掌心朝右,掌指朝上；目视右掌。

撤步弓步勾手右推掌：身体左转，左脚向右脚后撤步，两腿半蹲成交叉步，左脚跟离地；同时，右臂外旋，掌心向上、向左后平摆，肘略屈；左掌从右臂下穿出，附于右肘外侧，掌心朝外。上动不停。右掌成直掌收于腰间，掌心朝上；左掌立掌前伸，目视左掌。右脚撤成左弓步；左掌变勾，直臂向后摆臂成反勾手；身体左转；右掌向前推出成侧立掌，掌指与眉齐平；目视右掌。

左弓步左穿掌：身体右转；右掌收按于左腋下，掌心朝下，指尖朝左；左臂外旋，勾手成仰掌，经腰间从右掌背上向前穿出，臂伸直，掌心朝上，掌指朝前，略高于肩；目视左掌。

右仆步穿掌：身体右转，左腿屈膝全蹲成右仆步；左臂内旋成直掌，掌心朝前；右掌沿右腿内侧向脚背上穿出，臂伸直，指尖朝前；目视右掌。

右弓步右挑掌：左腿蹬直，右腿屈膝成右弓步；右掌直臂向前上方挑起，同时，两掌抖腕成侧立掌，掌指朝上，与眉齐平，掌心朝前；目视右掌。

右弓步左冲拳：同动作左弓步右冲拳，唯方向相反。

右推掌左弹踢：同动作左推掌右弹踢，唯方向相反。

左虚步左穿推掌：同动作右虚步右穿推掌，唯方向相反。

撤步弓步勾手左推掌：同动作撤步弓步勾手右推掌，唯方向相反。

右弓步右穿掌：同动作左弓步左穿掌，唯方向相反。

左仆步穿掌：同动作右仆步穿掌，唯方向相反。

左弓步左挑掌：同动作右弓步右挑掌，唯方向相反。

上步提膝右冲拳：身体左转，左脚尖外展；左掌内旋，屈肘在胸前下按，掌心朝下，指尖朝右；右手握拳收至腰间，拳心朝上。上动不停。右脚向前上步，脚尖内扣。身体左转，右腿挺直，左腿屈膝提起；左手握拳收至腰间，拳心朝上；右拳向右冲出；目视右拳。

⑤第五路：副拳 左右前半扫腿（左右盘）。

左弓步左冲拳：左脚向左落步成左弓步；左拳向左侧冲出，

拳心朝下；头随之左转。

勾手亮掌右前半扫腿：左脚微抬，经右脚内侧向左前方迈步，脚尖外展，右脚跟离地，两腿屈膝交叉；同时，两拳变掌，两臂划弧在胸前交叉，左臂在外，左掌心朝外，右掌心朝内，两掌掌指均朝上。右脚相继向左前方弧形行进两步，左脚在前，脚尖外展；同时，左掌领先，两掌在体前逆时针方向分别划一立圆，两臂在胸前交叉，右臂在外，两掌掌指均朝上。上动不停。右脚底贴地，弧形向前扫一半圆，脚尖内扣；同时，左掌经脸前向上弧形穿架于头左上方，掌心朝前，掌指朝右；右手撮勾，直臂向下经体侧斜后举成反勾手，勾尖朝上；目视右方。

勾手亮掌左前半扫腿：右脚经左脚内侧向右前方上步，脚尖外展，左脚跟离地，两腿屈膝交叉；同时，右勾手变掌，两臂划弧在胸前交叉，右臂在外。从左脚开始向右前方相继弧形行进两步；同时，以右掌领先，两掌在体前顺时针方向分别划一立圆，两臂仍在胸前交叉，左臂在外，两掌掌指均朝上。动作不停。左脚底贴地，弧形向前扫一半圆，脚尖内扣；同时，右掌经脸前向上弧形穿架于头右上方，掌心朝前，掌指朝左；左手撮勾，直臂向下经体侧斜后举成反勾手，勾尖朝上；目视左方。

上步提膝右冲拳：动作同第四路上步提膝右冲拳。

⑥第六路：架打。

左弓步左冲拳：动作同第三路左弓步左冲拳。

左弓步左架右冲拳：身体右转成马步；右拳收至腰间，拳心朝上；左臂屈肘外旋向胸前格掩，拳心朝内，拳面朝上，高与眉平；头随之右转，目视左拳。上动不停。身体左转成左弓步；左臂内旋沉降，再向上横架于头左上方，拳眼朝下，拳心朝前；同时，右拳向前冲出，拳心朝下；目视右拳。

砸拳右弹腿：右拳以肘为轴，以拳背为力点，向下经内再向上、向前、向下抡砸于腹前。上动不停。左腿挺直，右腿屈膝提起向前平弹。

右弓步右冲拳：右脚前落成右弓步；左拳收至腰间，拳心朝上;同时,身体左转;右拳向前冲出,拳心朝下;目视右拳。

右弓步右架左冲拳:同动作左弓步左架右冲拳,唯方向相反。

砸拳左弹踢:同动作砸拳右弹腿,唯方向相反。

左弓步左冲拳:左脚前落成左弓步;右拳收至腰间,拳心朝上;同时,身体右转;左拳向前冲出,拳心朝下;目视左拳。

上步提膝右冲拳:同第一路上步提膝右冲拳。

⑦第七路:仆搂。

左弓步左冲拳:同第三路左弓步左冲拳。

左仆步左按掌:右腿全蹲,左腿伸直成左仆步;同时,右拳收至腰间,拳心朝上;左拳变掌,经头上方按于右肩前,掌指朝上,掌心朝右;头随左掌转动,待按掌完成时,头向左转;目视左方。

左弓步勾手撩掌:左臂伸直,左掌经小腿上方向后划弧平摆成反勾手。同时,身体左转成左弓步;右拳变掌,直臂向前下方撩出,掌心朝前上方;目视前方。

架搨掌右弹踢:左勾手变掌,由后向上横架于头左上方,掌心朝外,掌指向斜前方;同时,右臂屈肘下沉,右掌抖腕下搨成侧立掌停于腹前,掌指朝上。上动不停。左腿挺直,右腿屈膝提起向前平弹;目视前方。

右弓步右推掌:右脚向前落步成右弓步,同时,身体左转;右掌向前推出成侧立掌。

右仆步右按掌:同动作左仆步左按掌,唯方向相反。

右弓步勾手撩掌:同动作左弓步勾手撩掌,唯方向相反。

架搨掌左弹踢:同动作架搨掌右弹踢,唯方向相反。

左弓步左推掌:同动作右弓步右推掌,唯方向相反。

上步提膝右冲拳:同第四路上步提膝右冲拳。

⑧第八路:压打。

左弓步左冲拳:同第三路左弓步左冲拳。

左弓步右压冲拳:身体左转;左拳收至腰间,拳心朝上;右拳由后向上,屈肘下压于腹前,拳心斜向上。上动不停。左拳经右拳上向前冲出,拳心朝下;同时,身体右转,右拳收至腰间,拳心朝上；目视左拳。

左弓步左架右冲拳：身体左转；左拳向上横架于头左上方，拳心朝外,拳眼向下；同时，右拳向前冲出,拳心朝下；目视右拳。

架拳右弹踢：右拳以肘为轴，以拳背为力点,向下经内向上、向前、向下抡砸于腹前,拳心朝上。上动不停。左腿挺直,右腿屈膝提起向前平弹；目视前方。

右弓步左架右冲拳：右脚向前落步成右弓步,同时,身体左转；右拳向前冲出,拳心朝下；目视右拳。

右弓步左压冲拳：同动作左弓步右压冲拳,唯方向相反。

右弓步右架左冲拳：同动作左弓步左架右冲拳,唯方向相反。

架拳左弹踢：同动作架拳右弹踢,唯方向相反。

左弓步左冲拳：同动作右弓步左架右冲拳,唯方向相反。

上步提膝右冲拳：同第一路上步提膝右冲拳。

⑨第九路：连环。

左弓步左冲拳：同第四路左弓步左冲拳。

左弓步右冲拳：同第四路左弓步右冲拳。

左推掌右弹踢：同第四路左推掌右弹踢。

左丁虚步抱掌：身体左转,右脚稍落；两掌经面前向头前上方交叉上架,右掌在外；目视前方。上动不停。左脚蹬地,右脚向右侧跨跳落步,左脚迅速离地向右脚内侧靠拢,两腿半蹲,左脚尖点地成丁虚步；同时,两掌从两侧向下、再向上于胸前屈肘抖腕成立掌,十字相抱,两腕相交,掌指朝上,左掌在外；头随之左转,目视左前方。

分掌左侧踹：右腿挺直,脚尖外展,左腿屈膝,勾脚尖提起,向左上方踹出。脚外侧朝上,同时,上身右倾；两掌向两侧分撑,掌心朝下,小指外侧朝外；目视左掌。

右歇步抱掌：身体直立,左腿屈膝回收于右腿腘窝处；两掌直掌由两侧下落,再抖腕立掌于腹前交叉,两掌心朝内,左掌在外；紧接着两掌经身前向头上方直举交叉架起,肘略屈,掌心均朝外,右掌在外；目视前方。上动不停。左脚掌落地,两腿屈膝下蹲成歇步；同时，两掌由两侧下落在胸前屈肘立掌，两腕相交，左掌在外；头随之右转，目视右方。

分掌右侧踹：左腿挺直，左脚尖外展，右腿屈膝，勾脚提起并向右上方踹出，脚外侧朝上，同时，上身左倾；两掌向两侧分撑，掌心朝下，小指外侧朝外；目视右脚。

右弓步左冲拳：右脚向前落步成右弓步，同时，身体右转；左手握拳，经腰间向前冲出，拳心朝下；右掌成立掌，屈肘回收，掌指附于左前臂内侧，掌心朝左；目视左拳。

右推掌左弹踢：同动作左推掌右弹踢，唯方向相反。

右丁虚步抱掌：同动作左丁虚步抱掌，唯方向相反。

分掌右侧踹：同动作分掌左侧踹，唯方向相反。

左歇步抱掌：同动作右歇步抱掌，唯方向相反。

分掌左侧踹：同动作分掌右侧踹，唯方向相反。

上步提膝右冲拳：同第四路上步提膝右冲拳。

⑩第十路：捧锁。

左弓步左冲拳：同第三路左弓步左冲拳。

右虚步下压掌：身体左转，左脚向左前方移半步，仍是左弓步；同时，两臂屈肘外旋交叉收至胸前，两拳变掌，掌心朝上，右掌在上。上动不停。左腿挺直，右腿屈膝提起；两掌同时由体两侧弧形上举，并交叉于头上，右掌在上。上动不停。右脚前落，脚尖点地成右虚步；同时，两掌屈肘交叉成立掌下压于胸前，掌指朝上；目视前方。

勾手右箭弹：左腿屈膝向前上方摆起，右脚随即蹬地跃起；同时，两掌架掌向前上方弧形摆起。在空中，右腿挺膝、绷脚面向前上方弹踢，左腿在空中屈膝；同时两掌变勾手，经两侧向身后摆成反勾；目视前方。

右弓步双推掌：左、右脚依次落地成右弓步；两勾手变掌，经腰间向前推出成侧立掌，掌尖与眉齐平；目视左前方。

左虚步下压掌：同动作右虚步下压掌，唯方向相反。

勾手左箭弹：同动作勾手右箭弹，唯方向相反。

第六章 其他体育旅游资源整合与发展研究

左弓步双推掌：同动作右弓步双推掌，唯方向相反。

上步提膝右冲拳：与第四路上步提膝左冲拳相同，唯左右相反。

⑪第十一路：箭弹。

左弓步左冲拳：同第三路左弓步左冲拳。

左虚步架推掌：身体左转；两拳变掌，右掌外旋向前撩起；左掌成俯掌，按于右前臂内侧。上动不停。左脚蹬地后撤半步，右腿屈膝半蹲成左虚步，同时，身体右转；左掌向前推出成侧立掌；右掌内旋向上，于头右上方架举，肘略屈，掌心朝前；目视左掌。

右绕步双盖掌：左脚向左前方上步，两腿屈膝半蹲；同时，两掌向下摆伸，掌心朝下；目视左方。上动不停。重心前移左腿，右脚向前迈出，脚尖点地成右虚步，同时，身体左转；两掌继续向后、向上、向前下摆伸，掌心朝下，左掌在右肘内侧；目视右掌。

扎掌右侧箭弹：左脚蹬地跳起，左腿屈膝向右上方摆起；同时，两掌在身前摆起，掌心朝前，左掌在左肩上方，拇指朝下，右掌在左胸前，拇指朝上；目视右方。上动不停。右腿屈膝上提，然后挺膝、绷脚面向右上方弹踢；左腿在空中屈膝；同时，身体稍左倾；两掌直掌向右侧方扎出，掌心朝下；右臂伸直，左臂屈肘，目视右方。

左绕步双盖掌：同动作右绕步双盖掌，唯方向相反。

扎掌左侧箭弹：同动作扎掌右侧箭弹，唯方向相反。

上步提膝右冲拳：同第四路上步提膝右冲拳。

左弓步左冲拳：同第三路右弓步右冲拳，唯方向相反。

并步对拳：身体右转，左脚向右脚并拢；同时，两拳向身前平摆成对拳，拳眼相对，两拳与肩同宽；头随之右转，目视前方。

并步抱拳：两拳收至腰间，拳心朝上；头随之左转，目向左视。

并步直立：两拳变直掌下垂体两侧，掌心朝内；头随之右转，目视前方。

161

（三）跳竹竿运动

1. 跳竹竿运动概述

跳竹竿,也就是所说的竹竿舞,是黎族人们的祭祀活动。跳竹竿活动带有着浓郁的海南乡土气息,表演形式多样,有单人表演、双人表演和集体表演。主要动作有单腿跳、双腿齐跳、分腿跳和翻跟斗等。跳竿者做出各种姿势,如磨刀、筛米、穿门、鹿跳等,非常优美。跳竹竿动作敏捷大方、优美舒展、节奏分明、富有风趣、风格突出,此外,它还要求跳竿者具备一定的舞蹈技巧。

2. 跳竹竿运动的基本技术

（1）打竿。

比赛时 8 名击竿者分成 4 人一排,相向蹲在竹竿的外沿,两两相对,每人两手各握一竿,由队长或打竿队员之一用口令或哨子指挥,或者是锣鼓的伴奏下,相对的两人按照节拍、鼓点,不断地将手中的竹竿分分合合、一高一低地击打、滑动,发出铿锵清脆的响声,跳竿者 4~8 人随着竹竿的高低分合,有节奏地在其间跳跃。

（2）跳竹竿。

跳竹竿的动作形式有很多种,常见的有单腿跳、双腿齐跳、转体单腿跳、分腿跳和翻跟斗等,再与手上舞姿相结合,按不同的节奏在不断开合的细竹竿空隙中左跨右跳,时而腾空,时而停于细竹竿间,既不能踩着竿,也不能被细竹竿夹着,否则表演失败。

具体来说,跳竹竿的具体跳法有以下几种,这几种又可以进行进一步的细分,形式多样。

① 2 拍跳法。

单腿跳进:左脚前跳 1 拍,右脚越竿前跳 1 拍。

单腿进退:左脚前跳 1 拍,右脚越竿前跳 1 拍。左脚越竿前跳 1 拍,右脚越竿后跳 1 拍。

第六章　其他体育旅游资源整合与发展研究

转体180°跳进：左脚跳进1拍，右脚越竿跳进同时左转180°。右脚跳进1拍，左脚越竿跳进同时左转180°。

② 3拍跳法。

交换腿法（以二合一开为例）：左脚跳进1拍，右脚原地跳1拍。左脚越竿跳进1拍，右脚越竿跳进1拍。左脚原地跳1拍，右脚越竿跳进1拍。

单脚连跳（以一合二开为例）：左脚跳进1拍，右脚越竿跳进1拍，右脚原地再跳1拍。

单双腿交换跳（以一合二开为例）：左脚跳进1拍，双脚越竿、原地各跳1拍，双脚原地跳1拍。

分腿跳（以二合一开为例）：双脚跳进1拍，双脚分腿原地跳起1拍，左脚越竿跳进1拍。

③ 4拍跳法。

踢腿跳：双脚跳进1拍，原地右踢腿跳1拍，双脚越竿跳进1拍，原地左踢腿跳1拍。

脚跟点地跳：双脚跳进1拍，右脚原地跳。1拍同时右脚跟右前点地，上身右倾。双脚越竿跳进1拍，左脚原地跳1拍同时左脚跟左前点地，上身左倾。

④ 7拍跳法。

以开合一合开开合为例：左脚跳进1拍，右脚越竿跳进1拍。左脚跳进1拍，右脚越竿后跳1拍。左脚原地跳1拍同时右脚尖越竿点地收回。右脚越竿后跳1拍，右脚原地跳1拍。

⑤ 集体跳法。

纵向排列式：队员成一路纵队排好，先由排头者跳出，然后后面的队员一个接一个地整齐跳出，出竿亮相后转身在竿外依次排回队尾。

并排式：是以2人、3人、4人等形式手牵手同时跳进，跳的过程中可牵手向前摆，也可举于头上左右摇摆。

第二节　乡村体育旅游资源整合与发展

一、体育旅游与乡村发展

(一)体育旅游赛事与乡村发展

1. 体育旅游赛事与乡村旅游目的地的关系解析

体育旅游赛事,能够在某种程度上将旅游目的地的形象展现出来。旅游地的人力、物力等各个方面都会对体育旅游赛事的举办产生重要影响。同时,体育旅游赛事的举办能够将旅游目的地全面地展现在游客面前,这也对旅游目的地的建设与形象维持起到积极的推动作用。

近年来,乡村旅游的发展越来越红火,为了增加特色,很多乡村旅游地区都引入了体育旅游赛事。而且,这样做还能充分利用起当地的良好自然资源,由此进一步扩大旅游目的地的知名度。但是,由于受到各方面因素的影响,比如,设计不合理、对自然资源的破坏和浪费、当地特色不显著等,导致其美誉度并不理想。这是当前乡村旅游地区发展亟需解决的一个重要问题。

2. 体育旅游赛事与乡村目的地形象的建立

对于乡村目的地的发展建设来说,良好形象的建立是至关重要的,而体育旅游赛事是在旅游赛事形象的传播过程中来推动乡村目的地形象的建立的,体育旅游赛事形象和旅游地景观形象属于乡村目的地形象的范畴,两者不可或缺,这在本质上是统一的。具体来说,体育旅游赛事的形象能够将旅游目的地形象体现出来,体育旅游赛事活动的举行则进一步强化了旅游目的地形象,从而使旅游目的地对旅游者的吸引力不断增大。从某种程度上来说,目的地环境的好坏是能够在观看体育赛事的观众感受中得到体现的。

（二）体育旅游活动与乡村发展

1. 体育旅游活动对乡村经济的影响

第一，体育旅游活动对增加农民经济收入是有所帮助的。

第二，体育旅游活动对带动农村经济增长有所帮助。

第三，体育旅游活动对优化地区产业结构有所助益。

第四，体育旅游活动对缩小城乡差距是非常有帮助的。

第五，体育旅游活动对农村经济的可持续发展有积极的影响。

2. 体育旅游活动对乡村社会价值的影响

体育旅游活动对乡村社会价值产生的影响有积极的一面，也有消极的一面。

（1）体育旅游活动对乡村社会价值的积极影响。

第一，体育旅游活动的开展对人们的身心健康都是有益的，能有效调节身体各项机理，从而达到强身健体、消除紧张情绪、锻炼意志、振奋精神、培养高尚情操等效果，对人们的身体健康起到积极的促进作用，使人们的生活质量得到有效改善。

第二，体育旅游活动具有现代服务业的特性，其发展为农村引入现代管理理念，并在基层组织的引导下，实行民主决策，不仅能有效促进农民观念的更新，还能使乡村民主水平得到进一步发展。

第三，体育旅游活动增加了农民的收入，也增加了乡村集体的收益，使乡村能够有一定的资金投向环境保护，这就对乡村生态环境的保护和可持续发展起到积极的促进作用。

第四，体育旅游活动对乡村的对外交流、城乡互动，以及提高乡村的知名度也是有所助益的。

第五，体育旅游活动有利于传统景观的保护与传统文化的继承和发扬。

（2）体育旅游活动对乡村社会价值的消极影响。

一方面，一些地方在促进体育旅游与乡村旅游发展过程中，往往会由于环境保护意识的薄弱，或者相关政策保护方面做得不到位，导致地方的体育旅游与乡村旅游发展所依赖的非物质文化遗产资源流失问题越来越严重，进而导致一些传统民俗技艺传播不利或者失传，濒临灭绝，这对乡村体育旅游的发展是极为不利的。

另一方面，体育旅游与乡村旅游的发展会影响到旅游目的地的社会风气。如果部分人为了追求经济利益，而不顾乡村旅游的可持续发展，如"宰客"，这不仅会破坏淳朴的民风，还会使得乡村旅游和体育旅游的美誉度大大下降。体育旅游与乡村旅游发展中的乡村文化生态与理想的发展状态不相符，这就会冲击到乡村旅游的淳朴民风。

（三）体育旅游景观与乡村发展

1. 体育旅游景观与乡村基础设施建设

对于体育旅游者来说，他们在体育旅游过程中主要参观对象就是体育旅游景观。具体细分，其又有人文和自然体育景观之分。可以说，体育旅游活动的开展是离不开体育旅游景观这一基础前提的，同时，体育旅游景观也能反映出目的地形象如何。目的地基础设施建设和软环境的改善，在一定程度上得益于体育旅游景观的开发和利用。

对于体育旅游业来说，其对旅游目的地的要求是比较高的，首先要具备完善的旅游接待服务设施，同时，开展体育活动的基础设施也必须完备。

开发利用乡村体育旅游景观，会对乡村基础设施的完善和发展起到积极的促进作用。一方面，乡村体育旅游要想得到发展，便利的交通条件、基本的卫生安全保障、良好的生态环境和特色化的村庄建设等是必不可少的基础性条件；另一方面，乡村体育旅游中的城乡居民互动所带来的一个必然结果,就是城市居民生活观念、生活习惯、价值取向、消费理念等意识形态领域会发生一定的变化,这是有利于农民环保意识增强的,同时对乡村景观的建设和居住环境的改善也会起到积极的带动作用,如进一步保护乡村环境。除此之外,通过乡村体育旅游能够使村集体的经济实力得到增强,农民的经济水平有所提升,这对于乡村基础设施的建设、管理和保护会奠定坚实的基础。

2. 体育旅游景观与乡村可持续性发展

对于当地的经济发展来说,乡村体育旅游能起到盘活和促进的作用,实现了农民的增收。但是,这也不能掩盖乡村体育旅游在发展、探索的过程中存在的诸多问题,比如,对乡村环境所造成的破坏和污染,文化的冲击,盲目开发等。这就对乡村体育旅游的发展产生了制约甚至阻碍作用。

对乡村旅游景观的保护和对体育旅游的开发两者是存在矛盾的,这就要求借助于科学合理的路径,来将两者有机融合起来,从而有效地实现乡村体育旅游健康、合理的发展,走可持续发展的道路是最理想的选择。具体来说,可以从以下几个方面着手:第一,要加强政府引导,科学规划,合理布局;第二,要加强体育旅游人才队伍建设培训工作,为体育旅游的发展提供人才支撑;第三,要拓宽融资渠道,加快乡村体育旅游配套服务基础设施的建设;第四,要重视生态环境建设,增强旅游地的吸引力。

二、乡村体育旅游的典型资源

(一)冰球运动

1. 冰球概述

冰球运动是以冰刀、冰球杆和冰球为工具,在冰上进行的一种相互对抗的集体性竞赛活动。据记载,早在二三百年以前,世界上的一些国家和地区,如荷兰、俄罗斯、中国及北美、北欧等地就有不同形式的在冰上打"冰球"的游戏。而现代冰球运动起源于加拿大,距今已有一百余年的历史。

2. 冰球运动的基本技术

(1)滑行技术。

冰球运动最基本的和最常用的技术,就是滑行技术。具体来说,其主要包括:直线向前滑行,直线倒滑,正滑转弯滑行,倒滑转弯滑行,单脚的内、外刃转弯,正滑、倒滑压步,起跑,急停,转体,跳跃这些具体技术。

(2)运球技术。

运球技术是冰球运动中基本的和常用的技术,主要包括拨球、推球、拉杆过人及倒滑运球等。这一技术往往在过人前的反向拉球假动作及传球和射门假动作,以及快速运球时用推球动作以加快速度时较为适用。

(3)传、接球技术。

传、接球是完成进攻战术配合的主要手段,只有快速、准确和熟练的传接球,才能有效地完成各种进攻战术的配合。通常,传、接球技术的优劣是衡量一支球队技术水平高低的重要标志之一。

传球技术包括正拍传球、反拍传球、弹传、传腾空球和挑传球等。

接球技术包括正拍接球、反拍接球、冰刀接球和杆柄接球等。

(4)射门技术。

在一场比赛中,一般射门为30~40次,多的可达70次以上,而只有快速且准确地射门才有可能得分。因此,射门技术是重点技术,是决定比赛胜负的关键。

射门技术包括正手拉射、反拍推射、弹射、击射、挑射和垫射。

(5)抢截技术。

通常情况下,可以将抢截技术分为两种类型:一种是用杆抢截,其主要包括戳球、勾球、挑杆抢球和压杆抢球;另一种是合理冲撞,又可以将其进一步分为肩部冲撞、胸部冲撞、臀部冲撞和向界墙挤贴。

(6)跪挡技术。

跪挡往往在防守和抢截时较为适用,通常,可以将其分为单腿跪挡和双腿跪挡两种具体形式。

(7)守门员技术。

守门员是队内最重要的队员。在一支冰球队中,前锋队员作为两翼去摧城拔寨,中锋队员作为全队的灵魂来组织进攻,而守门员则作为全队的后盾以确保球门不失。

对于一名守门员来说,较强的自信心和意志力,较好的灵敏性和反应能力,以及较强的爆发力都是必备的重要素质。除此之外,以下防守技术的十大动作也是不能忽视的。

①用球拍挡球。用球拍的不同位置挡住并控制住来球并传出。
②抓球:当球射到膝部以上时可用抓手抓球。
③挡球:对射到门拍一侧的高球可使用挡手防守。
④全分腿挡球:两腿在冰上迅速分开,以阻挡射到远处的下角球。
⑤分腿挡球:一腿跪下、另一腿伸出,用以防守底角球。
⑥双腿侧躺挡球:多用于对付晃门和远侧冰面球。
⑦蝶式跪挡:多用于对付晃门和冰面球。
⑧侧踢球:对付侧面的快速低射球,可用护腿踢球。
⑨刀挡球:冰刀挡球多用于防守射底角球的快速动作。
⑩戳球:在门前混战的情况下,守门员可迅速果断地用球拍戳球完成防守动作。

(二)自行车骑游

自行车是日常生活中最常见的人力交通工具。在不妨碍工作的条件下,抽出一定的时间,作短期的自行车骑游,可以增强体质,增加见闻,欣赏祖国的大好河山。骑自行车可以随意深入到沿途任何地方游览而不受行车线路限制。

自行车主要有公路车、山地车和普通旅行车三种类型,具体要根据所要去的目的地的情况加以选择。

为了舒适地骑行,骑行者应准备一些必要的装备。装备的舒适程度与实用性会对车手能否充分地享受这一运动起到决定性影响。其中,自行车骑游的基本装备主要包括：头盔、骑行短裤、骑行衫、骑行鞋、手套、护眼镜、饮水装置、气筒。除此之外,骑游前还要做好充分的准备工作,主要包括：骑游计划、身体准备（增加体能）、车辆准备（选择车辆、调试车辆）、工具准备（常用的一些与自行车相配的工具及零件,如剪刀、小木锉、多用搬手、旅行气筒、胶水、剪锉好的小块胶皮,内带、外带各一条,以及备用件滚珠、闸皮、车条、气门芯等）、生活用品（骑行裤、专业骑行服、相机、手机、太阳镜、多功能登山表、水、牛肉干、压缩饼干、巧克力、维生素片以及防晒护肤用品、雨具、常用药、照明器材、交通地形图等）。

除此之外,在自行车骑游中要注意保持车距,检查车辆,恢复体能,从而有效保证安全性。

第三节 高端体育旅游资源整合与发展

高端体育旅游是体育旅游中的一个重要组成部分,也是体育旅游发展到一定阶段所出现的新产品形态。

一、高端体育旅游概述

（一）高端体育旅游的概念

所谓高端体育旅游,是指具有一定素养的体育旅游个体或群体在体育旅游消费水平、消费层次及消费方式等方面明显高于平均消费水平和消费层次且明显不同于大众体育旅游的一种的体育旅游形式。[①]

通过对高端体育旅游概念的解析,可以将其中所包含的因素分解为三个方面:一个是其主体,即具有一定社会地位、经济实力、文化层次、身体素质、体育知识与技能的个体或群体;一个是其客体,具体是指具有较高档次和级别的体育旅游资源及其配套体系;还有一个是其实施过程,观赏体育、休闲娱乐、身心享受与心理体验的高品质体育旅游实践都属于这一范畴。

(二)高端体育旅游的类型

对高端体育旅游的类型,通常有以下几种:

1. 高端体育观赏旅游

这一类型的高端体育旅游,其主要功能在于放松心情、娱乐感官、增加知识、陶冶情操、开阔视野。欣赏顶级赛事、著名体育场馆及博物馆、大型节庆活动等都属于这一范畴。

2. 休闲高端体育旅游

这一类型的高端体育旅游的主要特点在于将个性化、专业化的体育需求和一流休闲度假环境融为一体。较为典型的有高尔夫度假旅游、滑雪度假旅游等。

3. 特种旅游

这一类型的高端体育旅游的主要特点是集寻求生活刺激、感受惊险体验与充实人生经历、激活人生斗志于一身,常见的活动形式有登山、航海、探险、狩猎、自驾车等。

(三)高端体育旅游的特点

高端体育旅游,与普通的体育旅游或者其他形式的体育旅游之间是有所差别的,在特点上也会有所体现。

[①] 柳伯力. 体育旅游概论[M]. 北京:人民体育出版社,2013.

1. 产品高端化

高端体育旅游的高端,首先在其产品上得到体现,主要包括便利的交通基础设施条件、高档次的康体娱乐和住宿设施配套等,对于所涉及的各项体育项目,要求所配备的指导教练人员必须是技能高超、善于教学指导的。产品的高端化决定了消费水平的高端化。

另外,产品的多样化、产品专题化和专业化也是高端体育旅游的产品高端化的重要反映。其中,产品的多样化主要在体育赛事观赏、休闲高端体育旅游、特种体育旅游等方面有所体现。

2. 以放松身心为追求目标

高端体育旅游的功能是多样化的,可以分为主导功能、支撑功能、辅助功能,这些功能所涉及的方面也非常广泛,比如度假、休闲、康体、健身、娱乐、放松、体验、观赏等方面。其中,度假、放松就属于其主导功能的范畴;康体、健身、休闲、娱乐、体验属于支撑功能的范畴;而观赏、观光则属于辅助功能的范畴。

通过调查发现,人们之所以会参与高端体育旅游,主要是为了追求生理、心理上的放松,从而使现代社会快节奏的生活、工作所带来压力得到缓解。

3. 消费群体属中高社会阶层

一般来说,高端体育旅游消费群体属于中高社会阶层。按照社会阶层结构的不同,可以对体育运动进行不同类型的划分:一类是上层体育运动,其对费用的需求非常大,典型的运动项目有滑雪、高尔夫、曲棍球、网球、击剑等;一类是中上层体育运动,其对装备和器具的要求非常高,典型的运动项目有划艇、骑马、登山、滑冰、打猎、潜水等;一类是中下层体育运动,其对团队合作与目标定位有着较高的要求,典型的运动项目有篮球、排球、羽毛球、乒乓球、游泳、自行车等;还有一类是下层体育运动,其主要特点是直接与运动器械对抗或挑战自己生理极限,典型的运动项目有体操、田径等。

高端体育旅游群体属于中高社会阶层,其在个人修养、文化背景上都是比较好的,同时,还有着较高精神追求、生活情趣及优越的社会地位和可观的经济收入。

4. 多次重复消费

高端体育旅游需求是周而复始的,并非一次性消费而是一种重复性消费。较为典型的有高尔夫和滑雪。

5. 轮轴式的行为模式

高端体育旅游参与者的行为模式是"点对点、以高端体育旅游目的地为大本营的轮轴式"。具体来说,就是高端体育旅游者行为目标明确,直接从居住地出发到达高端体育旅游目的地,如高尔夫度假村开展高端体育旅游活动,呈现出"点对点"的直线特征,到达高端体育旅游目的地后,高端体育旅游者的行为特征又呈现出以度假目的地为中心向四周进行辐射状空间位移的特点。

二、我国高端体育旅游的发展

(一)我国高端体育旅游发展的基本状况

高端体育旅游在我国已有了一定的发展,关于其发展现状,可以从以下几个方面得到体现:

1. 高端体育旅游消费者来源

从当前我国高端体育旅游消费者的来源上来说,经济发达的环渤海城市圈、长三角城市圈、珠三角城市圈内的北京、上海、广州等大中型城市是最主要的来源。某种程度上来说,其决定性因素在于经济水平的发展。

2. 高端体育旅游产品分布

从高端体育旅游消费者的来源上可以得知,经济水平是高端体育旅游发展的根本决定性因素。对于高端体育旅游产品来说，其在分布上也主要参照当地的经济发展水平，因此，广东、北京、上海、深圳是主要的高端体育旅游产品分布地区，其他地区相对较少。

3. 高端体育旅游开发模式

我国高端体育旅游的开发模式主要为以旅游度假区为依托。

由此可以看出，我国高端体育旅游已经取得了一定的发展成效，也取得了良好的成果，但是，不可忽视的是，其仍存在着一些问题亟需解决。比如，开发时间短、产品较单一、易引发社会争议、消费者对其文化内涵把握不深刻、专业技能不足等，这就要求针对这些问题来采用相应的措施来加以解决，从而促进高端体育旅游的进一步发展。

(二)促进我国高端体育旅游发展的举措

通过分析和总结我国当前高端体育旅游的发展状况，结合我国国情可知，要促进其可持续发展，需要采取相应的措施。具体可以从以下几个方面着手：

1. 做好政策、法规方面的保障工作

第一，体育旅游的发展，离不开政府的支持，因此，高端体育旅游的发展也需要政府做好相应的立法工作，从而使经营高端体育旅游的企业能够得到法律上的保障。

第二，出台各种政策，来对高端体育旅游的发展起到促进作用，进而推动更多消费人群参与到高端体育旅游消费中来。

第三，成立相关行业协会和组织，以此来对当地的高端体育旅游资源进行整合，使其结构得以优化，达到加强协调、提升效率的目的。

第四，建立高端体育旅游经济的研究机构，由此来对制定中长期发展战略规划进行专门负责，并采取积极的鼓励措施，使高端体育旅游得以顺利发展。

第六章　其他体育旅游资源整合与发展研究

2. 营造良好文化氛围,加强对外交流合作

良好的文化氛围,能有效促进事物的发展,这对于高端体育旅游来说也是如此。因此,这就要求要进一步加大政府、行业组织、企业等方面的宣传力度,将高端体育旅游的良好形象树立起来,积极营造出有利于高端旅游业发展的良好文化氛围。除此之外,在对外交流与合作方面也要进一步加强,积极参与国际旅游业界的相关活动,结合我国国情将与之相适应的国外市场运行模式引进来,并且进行积极探索,将与本国或本地发展相适应的新途径与新模式创建出来,从而为高端体育旅游在国内的广泛开展和推动提供便利。

3. 做好市场营销工作

高端体育旅游的发展是需要进行营销的,因此,做好市场营销工作势在必行。具体来说,这就需要高端体育旅游经营者做好市场调研、市场细分、市场定位、产品设计和推广实施等这一系列的工作,以此来将高端体育旅游产品形象树立起来,有意识地对高端体育旅游产品的文化内涵进行深入挖掘,从而使其品味和情趣都得以提升。除此之外,还要提高品牌战略意识,通过培养一批忠诚的高端体育旅游消费群体,来实现高端市场的持续良好运作。

4. 推广适销对路的产品

高端体育旅游要想得到良好发展,找准市场对路的产品是非常重要且必要的。当前,高端体育旅游参与者在产品的认同上的倾向性往往是一致的,以高尔夫、滑雪等为主。因此,在发展高端体育旅游产品时要以此为主,然后进一步开发其他的产品,积极引入和开发具有以上特征的高端体育旅游产品。

5. 培养专业人才

人才的竞争,才是核心竞争。对于高端体育旅游来说,专业人才的培养是其发展的重中之重,尤其是教练人才,通过传授

高端体育旅游专业技能,来大大提升参与者的消费能力和活动意愿。

三、我国高端体育旅游的典型资源整合

(一)高尔夫运动

1. 高尔夫运动概述

高尔夫球是一项在世界上极富魅力的户外休闲运动项目,也是一种古老的贵族运动。同时作为一项高雅的运动,它不但对场地、球具和球技有着高标准的要求,而且对每一个打高尔夫的人的自身修养也有着严格的要求。高尔夫运动要靠自己的技术和心理素质,力争能将球打得更远更准。要积极、谦虚、坦然,排除杂念,重视每一杆,打好每一球。

高尔夫球场是由草地、湖泊、沙地和树木等自然景物,经球场设计者的精心设计创造展现在人们面前的艺术品。它一般建在丘陵地带开阔的缓坡草坪上,因此,就有人把球场建在高山上、低谷里或者海岛上等。一般的,高尔夫球场可以划分为三个主要功能区域:会馆区、球道区和草坪管理区。正规场地由18个球洞组成,小球场仅有9个球洞,球手打18个洞为一个循环。

高尔夫球运动器材主要有高尔夫球(质地坚硬、富有弹性的实心小白球)、球杆(有木杆和铁杆两种)、着装(上衣是运动衫款式,裤子是纯毛或纯棉质地的西裤或便装裤)、鞋、手套。

2. 高尔夫球运动健身的基本技术

(1)切高球。

① 选杆及瞄准。

选择短铁杆或劈起杆,采用开脚位站立,对着目标10°~20°角,上体前倾,背部不可太挺直,两膝自然弯曲。使用短铁杆时,球位一般在两脚间偏右的位置。瞄准时,手的位置在球的前方。

② 握杆。

将球杆的握把斜着放在左手食指靠掌的第一指和小指最下方靠近手腕的厚肉垫上，用中指、无名指和小指握球杆。左手大拇指轻放在球杆中间稍靠右的位置。右手指握杆，大拇指位于球杆中央靠左，虎口包住左手的大拇指，右手的小指横跨在左手食指和中指中间的间隙上。右手掌心朝下可以减少球的滚动距离。

③ 挥杆击球。

要求上杆时身体重心在右脚，下杆时移至左脚。主要靠肩、臂的转动来击球，手与手腕的动作减少到最低限度。身体要站稳，挥杆的幅度不必很大。下杆击球动作要轻松，右臂和右手有"甩"的动作，要打"实"球、"穿"球。

（2）切低球。

① 选杆及站位。

短铁杆或中铁杆击球，站位靠近球。球位在双脚中间偏右脚处。手肘内缩贴近身体两侧。

② 握杆。

采用反叠式握杆法，需要两手掌心相对，左手在上，两手大拇指放于握把的正面笔直向下。左手的食指伸直斜搭在右手的小指、无名指和中指上，或搭在右手的小指与无名指之间。手腕伸直略向上凸出。杆身直立，杆头趾部触地，跟部稍微上提，球的位置偏于杆头趾部。

③ 瞄准。

双眼在球的正上方注视球。双手握杆位置略在球之前，身体重心偏左脚。要做好击球准备动作，使杆头与球准确地接触。

④ 挥杆击球。

挥杆时以肩膀的摆动来带动双手和球杆。上挥不能太高、时间太长。在整个击球过程中，保持双手与手腕的固定，上杆时手腕可弯曲，但仍要顺目标线后举并前送。击球刹那，杆头不能超过双手。切短低球时手部动作稍多一些。保持头部固定，下杆时手腕保持固定角度，不要向前弯曲。击球时保持手腕伸直，以杆头趾部击球。击球的中下部。球打出后,杆头顺着地面向前滑动一段距离后,再将杆头举起。

(3)飞越树障碍。

① 从树上空越过。

选用球道木杆、劈起杆或沙坑杆。身体左侧低,右侧高,上挥时较早屈腕,下挥后要充分前送,高举杆头。这种姿势挥杆,杆头击球面下挥到最低点后向上运动时最容易击到球,球会很快地被击向空中。

② 从树下越过。

采用长铁杆或中铁杆,控制击球弧线,使球不碰到树而穿过大树,这样球的落点会更靠近球洞。

③ 绕过大树。

主要采用打左曲球或右曲球的办法。打右曲球采用开脚位,杆头面对正大树,瞄准大树左侧。上挥时,从目标线的外侧开始,手的动作要陡直。下挥触球时球杆由外向内擦击球,使球产生右旋,球就能飞出右曲线,绕过大树,而打左曲球采用闭脚位,触球时由内向外擦击球。

(4)沙坑球。

① 选杆与站位。

一般选用沙坑杆、劈起杆或9号铁杆。采用开脚位站立,两脚位置与目标约成30°角。

② 握杆。

握杆时基本与短铁杆相同,唯一要改变的是两手在握杆时向逆时针方向调整,即将杆面打开,握杆的时候两手要握的结实。

③ 瞄准。

瞄球之前要左右扭动身体,使脚底埋进沙里,保持身体平衡。沙坑球的瞄球点是球后2厘米左右的沙子。双脚、双膝、臀部和肩膀皆朝向目标的左方。

④ 挥杆击球。

挥杆击打沙坑球时要根据球距旗杆的距离,决定上杆的幅度。下杆时以左臂为前导,用杆头击球杆后1厘米左右的沙子。顺势将球击出,球击出后,继续向前送杆,不要急于翻腕收杆。

(二)滑翔伞运动

1. 滑翔伞运动概述

滑翔伞是无动力飞行的一种形式,地球引力是其使用的动力,滑翔器下降(低于1.5米/秒)的同时会获得高于60千米/小时的向前飞行的速度。从某种意义上来说,滑翔伞将一种人与自然的交流充分体现了出来,因此,备受崇尚自然者的喜爱。

滑翔伞是在20世纪70年代初的欧洲发源的,当时,一些登山者从山上乘降落伞滑翔而下,体验到了一种美好的感觉和乐趣,从而创立了一个新兴的航空体育项目,这就是最初的滑翔伞运动。

在西方国家,滑翔伞运动发展速度很快,瑞士、奥地利、德国、西班牙等发达国家都拥有众多的飞行高手。在亚洲,日本、韩国等经济发达国家和地区的滑翔伞运动十分普及,爱好者众多。滑翔伞运动充满了激情和挑战,尤其符合年轻人的运动特点。

2. 滑翔伞运动的基本技术

(1)张伞技术。

① 检查吊绳是否有乱绳打结或脱落,铺伞时风口朝上铺成扇型,所有吊绳都必须放在伞衣的上方,操纵绳拉至伞衣外侧,使伞衣后缘全部露出。

② 将左右操纵带分开放,伞衣中心线与起跑路线相同。

③ 将操纵绳整理好放在最外面,后组绳放在中间,前组绳放在最里面,最后将操纵带挂至套带的挂钩时需再一次检查伞绳是否乱绳,前后操纵带是否扭曲。

(2)收伞技术。

① 将两手的操纵环分别扣回原位。

② 整理齐两组操纵带,左手握住小连接环处,右手将所有吊

绳握在手中,手臂尽量伸至最长,然后绕成圆形交至左手,再继续将吊绳收于左手中,一直到无法再收为止。

③ 右手握住吊绳与伞衣连接处背至肩上。

④ 一边收吊绳,须一边向前走,不可在原地用力拉吊绳,以免伞衣被尖锐物刮破。

(3)折伞技术。

① 检查伞衣两侧吊绳有无乱绳,然后将左右吊绳分别打结置于伞衣上。

② 将一边伞衣由稳定翼处一片一片折至中央部位后换另一边,在此中央部位与另一边相叠,此时必须将伞衣内部空气由后缘向风口处压出,再由后缘风向口方向折叠。

③ 先收伞衣,再收套带,最后收安全帽。

④ 将折叠好的伞衣放入伞包。注意拉伞包拉链时不可将伞衣夹破。

(4)斜坡起飞。

① 选择一个正面迎风、坡度在25°~30°、可以跑步起飞的斜坡。

② 在预定起飞地点上方10~20米处开伞。

③ 无风情况下跑速达3米/秒时,可安全起飞。对初学者而言,理想的正面风约12米/秒。

(5)起飞滑行。

① 快速向前跑,使伞衣在头顶正上方张开,让空气由风口灌入后、翼型适度形成。如果在跑的过程中,伞不在头顶正上方,而是倾斜拉起时,伞衣调整要慢慢拉下倾斜相反方向的操纵绳,人同时向中央下方跑去,使伞衣恢复头顶正上方的位置。

② 伞衣平整拉起或修正后平整拉起至头顶上方时,加速向山下跑。当伞衣升力增加时,身体会有向上拉起感觉,这时绝对不可跳跃,应继续加速向前跑,以免使伞衣瞬间失去重力而塌下。

③ 升力感觉相当强时,跑动中双手同时将操纵绳拉下至肩膀位置,使伞衣和飞行员向空中飞去。双脚离开地面后,双手放

回耳朵位置。通常双手操纵绳同时下拉至相同位置,飞行伞自然直线飞行。

（6）转弯技术。

① 左右转弯：左操纵绳拉得比左操纵绳多时,伞向左侧转动；反之则向右侧转动。但无论左或右操纵绳已经拉至1/2刹车位做直线滑行时,如果左或右操纵绳再往下多拉一点,伞便会急速转弯,容易造成螺旋旋转的危险。因此转弯时,操纵绳不可超过1/4耳朵位置,直到左右转弯非常熟练时才可做大动作的转弯。

② 停止转弯：将拉下的操纵绳回至原位或将两操纵绳置于同一位置即可停止转弯。

（7）刹车技术。

① 使用双手伸直的操纵绳位置为全滑行。

② 双手下拉至双耳位置为1/4刹车。

③ 双手拉至双肩为1/2刹车。

④ 双手拉至腰部为3/4刹车。

⑤ 双手伸直为全刹车。

（8）降落。

① 确认降落地点、操纵绳双手拉下相当1/4位置,并保持此姿势行进。

② 进入最后降落滑行时,稍许加速。

③ 高度降至5米以下时将操纵绳拉下,双脚即将接触地面,高度大约1米时将操纵绳拉下至全刹车位置。

④ 在降落过程中,注意手脚的协调配合。

（三）自驾游

1. 自驾游概述

自驾车旅游是一种时尚的现代自助旅游方式,是集观光、健身、度假、休闲于一身的专项旅游项目。当今世界自驾车旅游盛行,但关于自驾车旅游的定义仍未形成统一的看法。通过对国内外专家学者的研究和理解可以得知，自驾车旅游包含三项基本要素，这也是与其他旅游形式的区别所在。第一，自驾车旅游以私有或租借的汽车为交通工具；第二，自驾车旅游是以休闲体验为目的的一种特定的旅游形式；第三，自驾车旅游是驾车者旅行和暂时居留引发的各种现象和关系的总和。由此，可以将自驾游定义为：是指旅游者以自己或同伴驾驶汽车为手段，以休闲体验为主要目的，跨越一定的时空距离，在整个过程中可以自主决定旅游线路、时间安排和经济消费的旅游形式，以及由此行为所引发的各种现象和关系的总和。

自驾游具有行动自由、准备充分、收获巨大等显著特点。通常情况下，可以从组织、市场、距离等维度来对中国自驾游进行分类。按照组织形式，可以将自驾游分为个人完全自驾游、半自助自驾游、参团自驾车出游、品牌汽车俱乐部组织的自驾车出游；按照市场类型，可以将自驾游分为大众自驾游、主题自驾游和高端自驾游；按照出游距离可以将自驾游分为短途自驾游、中途自驾游、长途自驾游。除此之外，还可以将自驾游分为区内自驾游、区间自驾游和出入境自驾游；按车辆的所有权可分为私家车、公车和租赁车自驾游；自驾车出游使用的车辆类型可分为房车、越野车和轿车自驾游；旅游者的自发性可分为自发组织的自驾游、自驾游俱乐部组织的集体形式的自驾游活动；按出游者是否自有汽车分为自有汽车自驾游、租赁汽车自驾游。

2. 自驾游的准备工作

自驾车旅游出门在外，食、宿、行、游、购、娱都要有所考虑，需要做出周密的计划安排。具体来说，自驾游的基本准备主要包括以下几个方面：

（1）计划准备。

① 收集资料。

所谓收集资料指的是有针对性地把自己需要的资料聚集到一起。收集自驾车旅游的资料通常包括以下几个方面：

第六章　其他体育旅游资源整合与发展研究

自驾游资料收集内容：旅游地的概况；旅游地的风景名胜及道路通达情况；旅游地的天气预报；旅游地的风土人情；旅游地的饮食习惯；旅游地的住宿条件等。

自驾游资料收集的方法手段：借助旅行社查询；借助图书资料了解；借助网络查阅。

② 自驾游时机的确定。

一方面，要避开旺季或旺季走冷线；另一方面，要精心计划旅程时间。

③ 自驾游路线和休息站点的确定。

在选择行车路线时应选择平坦、易于通行的道路，除非迫不得已，应尽量避免走坡道、土道，这对人对车都有损害。俗话说，"宁走十里坦，不走一里坎"，这对于自驾游来讲也是有道理的。

（2）车辆准备。

汽车类型：主要有越野汽车、轿车、客车。具体可以根据需要加以选择。

车辆的基本性能：后驱车车身稳定性较差；前驱车行进状况容易掌控；四驱车动态稳定表现最佳。

车辆检查：检查发动机工作情况，对各种管、线、传动带进行清查，发现问题及时更换；检查油路是否通畅，燃油是否已加满；检查机油油面高度，若油面过低需要添加，油面过高应查明原因；检查冷却防冻液液面，不足时要补充，补充后要排气；检查蓄电池电解液液面高度，检查电解液比重是否正常；检查刹车及刹车油的状态，找一块平地踩一下急刹，看是否刹车跑偏；检查制动液面是否符合要求，不足时要补加；检查前刹车片磨损状况，后分泵是否漏油，安全问题马虎不得；检查轮胎（含备胎）气压是否符合标准，是否出现老化裂纹或创伤；带好备用车钥匙，以防车门落锁无法打开；检查喇叭、后视镜、门锁、玻璃升降器手柄是否齐备有效；检查玻璃水是否充足，喷水泵是否正常工作，雨刷片的弹性；是否带齐应急所需的随车工具、千斤顶、打气泵等；出车前带好您的通讯工具、电话号码簿；检查灯光；清洁冷凝器表面的积尘,检查散热器前后两风扇转动是否正常。

带齐备用工具:换胎工具(千斤顶、轮胎扳手等)、补胎工具、车载气泵、牵引装置。

其他:水、电线、胶带、备件(备用灯泡、火花塞、发电机皮带、刹车皮、一些保险管等)、录音带和CD片。

(3)人员准备。

① 驾驶员的准备。

驾驶员的身体准备:身体要健康,精力要充沛,不要带病出游。由于自驾车一般路途较长,每天开车时间较多,一个驾驶员有时会感到很累,最好每个车上有多名驾驶员,轮换开车都不累,大家都有好心情游玩。根据路况,每开一段距离,都应停车休息20~30分钟。

驾驶员的技能准备:体验;起步技术;节奏感;维修经验;驾驶感(路感)。

无把握自驾游者的准备:跟专业的汽车俱乐部或旅行社组织的自驾车团队一同出行,路途上老驾驶员的传、帮、带能帮助解决许多问题,使出行者逐渐积累经验,慢慢由"菜鸟"成为"老手"。

集体自驾游的准备:统一的活动原则及相应的组织纪律;尊重指挥、大公无私、团结友爱、文明旅行、集体行动;要勇于探索,又要量力而行,科学行事;要合理利用自然,又要保护自然等。

② 选择旅伴。

搭伴同行,最好选一个懂得车辆基本维修技术的人同行;按额定座位数找人;女性人数以不超过男性为宜。尤其准备长途奔行、驾车探险的朋友最好要三五成群,这样彼此也能有个照应。不仅安全有所保障,说不定还能向别人学点驾车的高招儿和旅游的知识。

(4)物质准备。

相关证件:身份证或护照、行驶本、驾驶本、养路费和税讫证、购置附加费和保险单据、小孩子的户口本、结婚证书等。

基本生活用品:替换的衣物,相机、信用卡、钱、手纸、消毒纸巾、卫生筷、餐刀、茶叶、防晒油、太阳镜,运动鞋,零食。

野外个人必备:防寒衣物(防水、防寒)、透气性强的山地靴、抓绒衣、冲锋衣、冲锋裤、户外鞋、薄羽绒睡袋、防潮垫、地席、帐篷;保险公司和救援公司的电话、GPS 卫星定位系统、对讲机和电池充电器;GAS 炉头、罐装 GAS、防风打火机、防潮火柴;防水地图(最好有地形图)、军用手表(带荧光、指南针、温度计)、手电筒、头灯(备足电池)、蜡烛(汽灯最好)、荧火棒(确定方位用)、指南针、纸、笔、刀具(最好多用途专用刀具,如瑞士军刀,美国 GERBERA 多用钳刀等);野外用炊具:气炉、气罐、军用水壶(内备饭盒)、大塑料袋、太阳镜、唇镜、刮胡刀、望远镜、灯泡、充气枕。[1] 其他,别针、曲别针、小镜子、橡皮筋、针线包、小锯条等。

药品:酒精、感冒药、创可贴、黄连素、眼药水、消炎药、防晒霜、好得快、止血绷带、维生素药片、红花油。

---

[1] 陶宇平.体育旅游学概论[M].北京:人民体育出版社,2012.

第七章 低碳体育旅游的理论基础与发展研究

当前,在各方面的支持和推动下,体育旅游已经取得了一定的发展成效,其中,低碳体育旅游,就是与现代社会倡导的生态文明相契合的一个新形式,也是今后要持续发展的重要对象。本章主要对低碳体育旅游的基础理论、发展意义,以及我国低碳体育旅游的发展状况与对策、相关产业发展、未来发展走向等加以分析和阐述,由此,能够使人们对低碳体育旅游有更加全面和深入的了解和认识,从而为体育旅游的可持续发展奠定良好的基础。

第一节 低碳体育旅游的基础理论

体育旅游与传统的观光旅游和体育健身活动之间,既有一定的共同点,也存在着一定的差别,因为其是这两者的有机结合,是一种新型的休闲旅游生活方式。体育旅游,从某种意义上来说,是将体育作为内涵,将旅游作为载体,通过体育来提供资源、通过旅游来拉动市场的。

2009年5月从世纪经济论坛"走向低碳的旅行及旅游业"这一报告中,正式将低碳体育旅游的概念提了出来。可以说,体育旅游是倡导旅行者在旅行的过程之中减少对二氧化碳的排放,建立环保旅游的新发展态势。鉴于此,就要求政府与旅游机构尽可能多地推出相关低碳环保旅游的相关政策,鼓励人们在出行之中使用便捷、环保行李、住环保的旅馆,在旅行过程之中选择自行车进行徒步旅行等。

从某种意义上来说,低碳体育旅游是一种绿色旅行的形式,主要特点是低能耗、低污染,并在旅游过程中的衣、食、住、行、玩、乐、购中节约能源、重视环保、锻炼身体,实现我国旅游业的可持续发展目标。[①]

第二节 低碳体育旅游的发展意义

一、传统体育旅游在可持续发展动力机制方面较为欠缺

对于初期发展的体育旅游来说,其往往将关注的重点放在经济利益上,没有对旅游的可持续发展和低碳体育旅游加以考量。旅游产业能拉动地方其他产业的发展,同时也能在一定程度上破坏生态环境等,对旅游产业的长期发展起到破坏作用。因此在体育旅游产业快速发展的今天,人们应该将关注的重点放在低碳体育旅游上,这也能为体育旅游可持续发展提供必要保障。

二、低碳体育旅游有利于节能减排

低碳体育旅游产业是借助于体育旅游资源,在体育旅游设施这一物质基础上,在遵循低碳节能的原则下,通过提供低碳体育旅游服务来使低碳体育旅游和消费等各种需求得到有效满足的综合性产业。

对于传统意义上的一些行业来说,它们的能耗是比较严重的,这就要求在发展体育旅游的大力发展同时,管理者更应该注重节能减排,不破坏生态环境、污染环境。在体育产业发展同时,整个产业链都应该注重节能减排,减少对环境的污染,保障地方

---

① 张婷.我国低碳体育旅游发展的现状[J].经济研究导刊,2017(22).

有一个好的生态环境。①

三、我国体育旅游离低碳体育旅游还有很大距离

当前,我国传统体育旅游的普及力度还远远不够。对于体育旅游的发展来说,只有作为主体的人将低碳理念深入内心,其旅游观念才能得以改变,也才能够将这种新型、健康体验式旅游来代替其原来传统旅游的享乐放纵观念。另外,我国在低碳体育旅游的认识深刻程度上还非常欠缺。低碳旅游行业与其他众多行业之间的关联性是不可忽视的,只有在得到其他各个产业支持的前提下,低碳旅游业才能得到改进和发展。但是,以旅游业为支撑的相关传统行业均是以营利为目的的,并且会尽可能实现利益最大化。鉴于此,这就要求将低碳体育旅游产业结构构建起来,形成科学的体系,做好各产业间的联动工作,通过大力普及低碳旅游理念来实现每个环节的节能减排,为我国走向低碳体育旅游,走向生态化,并实现可持续发展的道路提供必要的助推力。

四、低碳体育旅游对绿色经济发展的促进

在当前传统的旅游行业中,旅游出行消费以及相应的旅游产品所产生的耗能都是非常大的,这就与我国生态发展的国家战略不符,同时也违背了美丽中国的建设理念,甚至会使得全球环境的恶化进一步加速。鉴于当下旅游环境市场的状况,促进旅游市场健康化、绿色化的方式之一,就是对低碳体育旅游进行重点发展。

---

① 宋耕宇.我国低碳体育旅游发展的研究[J].旅游纵览(下半月),2015(08).

五、低碳体育旅游有利于旅游的可持续发展

低碳体育旅游对节能和生态非常重视,并将其放在首要位置,这就要求在开发旅游之前,一定要根据既定目标,结合实际情况,来进行评估和市场调查,并以此结果为依据来将规范的规章制度制定出来。需要强调的是,一定不能允许那些达不到"低碳"标准的体育旅游项目和产品开发和上市。

体育旅游资源,也有可再生和不可再生之分,在遭受资源破坏的过程中,许多不可再生资源就会被浪费或者人为破坏,因此,为了避免这种情况发生,就需要遵循重保护,轻开发,遵循这样的原则和标准。鉴于此,要积极培养和培训低碳体育旅游方面的专业管理人才,重视对游客环保意识和低碳生态意识的宣传和教育,为经济转型中低碳体育旅游的可持续发展排除障碍,并提供有利条件。[①]

六、低碳体育旅游让旅游市场更健康

从当前的形势来看,我国旅游市场的规范程度还比较低,处于比较混乱的状态,虽然在项目的数量上有所增加,但是开发程度还不甚理想,尤其是针对健康低碳的体育旅游,而且完整合理的规章制度的欠缺。旅游市场重开发、轻保护的错误理念已经造成了许多旅游资源的浪费和大环境的破坏。这就导致了目前许多旅游产品的开发与上市并未达到节能减排、低碳发展的要求。因此,这就要求大力发展低碳体育旅游产业,这对生态环境的可持续发展以及整个旅游行业的可持续发展都会产生积极的影响。

---

① 张玉华.经济转型背景下低碳体育旅游发展的策略探骊[J].经济研究导刊,2013(21).

七、低碳体育旅游是推动经济的必经之路

当前,我国对环境保护的重视程度越来越高,这已经成为社会发展的一项重要任务,鉴于此,要达到节能降耗、缓解环境压力的目的,就必须借助于低碳体育旅游的发展这一重要举措。对于社会来说,低碳体育旅游的诞生是一种必然选择,是旅游业长期发展的必经过程。

旅游产业在经过长期的发展之后,在内容、形式上都会有所创新,低碳体育旅游就是其中一个创新点,其能够将降低碳的排放量作为关注的重点,让体育旅游行业以健康为基础、以生态、环保为目标,走可持续发展的道路。① 在建设体育基础设施开发体育旅游资源过程中,对环境进行最大程度的保护,这样能使因过度开采所带来的环境方面的压力得到有效缓解。

第三节 我国低碳体育旅游的发展状况与对策

一、我国低碳体育旅游的发展状况

(一)我国低碳体育旅游发展的总体状况

1. 人们对低碳体育旅游理念的认识较为欠缺

低碳生活理念作为一种新型的生活理念,是在今年才被提出的。传统体育旅游在向低碳体育旅游转型的过程中,改变游客的观念是其所遇到的最大的困难所在。"传统体育旅游"本身具有一定的享受性,而"低碳体育旅游"是锻炼性理念,两者之间具有一定的冲突。

---

① 李雪玮.浅谈低碳体育旅游的发展意义[J].体育科技文献通报,2018,26(08).

第七章 低碳体育旅游的理论基础与发展研究

2. 传统体育旅游向低碳体育旅游转型难度较大

低碳体育旅游的发展是在传统体育旅游的基础上建立起来的,从某种程度上来说,是对传统体育旅游的改进和发扬。低碳体育旅游产业体系的建立,从单一体育旅游产业的低碳化发展,到整个产业体系联动低碳发展,有机的产业链条得以实现政府部门的职能作用是不可或缺的重要方面。与此同时,体育旅游产业体系上每个环节的节能减排也是必须要做好的重要工作内容,这样能使体育旅游产业体系的低碳生态化、节能化路径得以顺利实现,进而从整体上为低碳体育旅游的实现提供必要的助推力。

(二)我国低碳体育旅游市场的现状分析

1. 我国低碳体育旅游市场的主要优势

(1)自然环境优势。

我国国土辽阔,有着丰富且适宜的地理与气候环境,可以根据不同地域的显著特点开展相应的运动项目。比如,可以在海滨城市发展沙滩足球、排球等沙滩体育项目;在山脉纵横的地区开展攀岩、爬山等体育旅游项目;在气候适宜、地势优良的地区,滑雪、跳伞、溜索等体育运动项目是较适宜发展的。

(2)客源优势。

我国人口众多,有着丰富的游客资源,除此之外,世界游客数量也是相当可观的。近年来我国政府在倡导国民进行体育旅游消费方面也作出了相应的努力,主要为调整节假日安排,为人们安排小长假、大周末等,减免高速费用和景点门票费用等,这就在一定程度上对我国旅游经济的发展起到积极的推动作用。

(3)品牌资源优势。

我国各体育旅游城市比较注重城市品牌与资源的打造宣传,城市名片使我国一些体育旅游城市已被世界熟知并认可。

(4)体育文化优势。

随着国民经济与科技力量的发展,我国在世界上的地位已经有所提升,这在体育文化方面也有所体现。尤其是在2008年的北京奥运会,深刻影响着我国的体育旅游业的发展。另外,其他一些大型赛事文化对我国的体育旅游市场也具有较大的推进作用。

2. 我国低碳体育旅游市场存在的问题

第一,各旅游城市的组织体系还没有统一起来。
第二,相配套的服务设施与服务理念不甚理想。
第三,体育旅游产品发展的均衡性欠缺。
第四,专业的管理营销人才的培养力度不够,较为缺乏。
第五,体育项目模式雷同等。

3. 我国低碳体育旅游市场的机遇及危机

随着世界性发展低碳经济共识的达成,我国政府逐渐从各个方面着手来关注和支持低碳体育旅游市场,并制定颁布了相应的政策,这对我国低能耗的体育产业成为旅游发展的重点起到积极的推进作用。低碳经济作为人类社会可持续发展的必然要求被人们认可并接受,有着低能耗、低污染、低物耗、低排放特征的体育旅游产业成为未来经济发展方式的新选择。

但是同时也不能忽视的是,我国低碳体育旅游市场也面临着各种危机,比如,体育项目间的激烈竞争、其他相似区域的旅游市场竞争以及自身可持续发展方面的危机等。由于现阶段我国整个体育旅游组织体系还没有正式构建起来,这就导致各地区为发展自身体育旅游经济而纷纷进行效仿,大批极其相似的体育旅游项目纷纷涌出。这对于地方体育旅游特色的形成是非常不利的,同时,也忽略了在生态环境方面造成的浪费和破坏,最终不利于体育旅游的可持续发展。

二、我国低碳体育旅游发展应采取的对策

（一）提高公民的低碳环保理念

低碳体育旅游的发展，首先要具备一定的意识基础，即要求公民要具有低碳环保意识，这是必须具备的重要基础和前提。保护低碳体育旅游的生态环境，不仅是低碳体育旅游的核心内容，同时也是低碳体育旅游有别于其他旅游方式的主要特征。

首先，要对低碳经济体系的构建加以重视，并且采取逐渐脱离后工业实体的体育发展模式，加大宣传力度，使公民将良好的低碳经济意识建立起来并逐渐加以改进，在此基础上，对低碳体育旅游生态环境加以保护，同时，也积极发展旅游业。

其次，低碳体育旅游的发展工作也是需要做好的重要内容之一，低碳体育旅游要坚持走科学化、规范化、生态化可持续发展的道路。

最后，融资力度要加大，只要体育旅游项目符合低碳旅游市场准入条件，便可给予融资授信支持和优惠政策，以推动我国体育旅游产业的可持续发展。[1]

（二）建立低碳体育旅游的激励机制

对于所有的事物发展来说，必要的激励机制都是非常重要且必要的。建立低碳体育旅游要创建一个良好的激励机制，这对于体育旅游发展方向、发展速度、产出效益、产业模式等以及整个体育产业的持续、协调发展都会产生直接的影响。

首先，低碳体育旅游的发展一定要得到国家有关部门的支持，并且作为重点关注项目，被纳入国家战略层面。在这样的情况得到专门管理，能加强对节能减排、专项资金的合理使用。在国家相关政策的指引下，将"生态文明"和"两型社会"建立起来，

---

[1] 张婷. 我国低碳体育旅游发展的现状[J]. 经济研究导刊, 2017(22).

以此来积极应对全球气候等问题。

其次,资金的支持力度要进一步加大,这一方面来源于国家的专项资金支持,除此之外,还要注意将合理的资金信贷政策和制度建立起来,做好相关的制度保障工作,当其符合政策或是制度要求时,就应该划拨相应的款项,以此给予资金上的支撑。[①]

(三)大力提高低碳体育旅游服务质量

低碳体育旅游服务质量,包含的内容非常广泛,主要涉及两个部分:一部分是低碳、便捷的交通,节能、温馨的住宿,可口的膳食,宾至如归的接待等方面的服务,这部分体现出了低碳旅游的共性;另一部分是安全、完备的体育设施、丰富的体育用品、特色化的环保旅游纪念品和人性化的体育活动设计,这部分则将体育旅游特色体现了出来。可以说,只有做到这些才有可能提高产品的吸引力,吸引游客的注意力,并使其产生归属感,从而使低碳体育旅游的社会效益和经济效益都得到显著提升。

(四)开展低碳体育旅游要充分挖掘地域文化底蕴

我国地域广阔,在不同地域有着不同的地域文化,而这,也赋予旅游产业一种精神底蕴,使其生命力更加旺盛,有着浓厚的地域色彩。

要注意将体育项目与景区结合起来,所涉及的内容主要有历史典故、人文轶事、民俗风情等,这样能使游客在愉悦身心的同时,也能达到增长知识的目的,这对提升低碳体育旅游产品的满意度是非常有帮助的。可以说,对古代文化和现代文化内涵的挖掘与开发,能够使低碳体育旅游与当地深厚的文化底蕴和多样化的文化形式相吻合,从而能进一步突出低碳旅游产品的鲜明特色,并逐渐发展成为知名文化品牌,扩大在国内外的知名度,从而对区域经济的发展起到积极的促进作用。

---

① 白曼利,杨江林.我国低碳体育旅游发展趋势研究[J].才智,2015(33).

第四节 低碳体育旅游产业的发展状况

一、发展低碳体育旅游产业的必要性

(一)带动相关产业链经济发展

作为服务业,旅游业本身有显著的综合性特点,其能够积极带动相关休闲产业的发展,通过加入体育元素,还能对体育相关用品和设施的发展起到积极的带动作用。体育旅游主要是为了为体育爱好者以旅游的方式提供各种体育休闲服务,从而使体育爱好者参与体育运动的相关需求得到较好满足。

体育旅游覆盖面积广,其会对多方面产生积极的促进作用,这主要表现在两个方面:一个是旅游区游客数量的增多,一个是消耗物资以及生活用品速度的加快。在这样的情况下,为了解决这两个问题,就需要发展相关产业,这就为当地居民提供了大量的就业创业机会,这对于我国劳动力闲置和居民收入不高的问题都有积极的影响,也间接推动了当地经济的发展。当前,很多具备体育休闲旅游资质的城市积极引进低碳体育旅游,通过积极开发,能够使新的市场经济得以顺利发展。

(二)借助于健康休闲传播当地文化

低碳体育旅游本身就是一种社会活动,并且有着显著的休闲娱乐特点,旅游者在低碳体育旅游过程中,能够充分体会相应的休闲活动,不仅观赏领略我国不同地区的大好风景和各民族的风土人情,还能放松身心和愉悦心情,使生活工作中带来的无形的压力得到有效缓解和释放。体育旅游的娱乐功能,能够有效培养和提升旅游者的意志力水平,以及自身情操和表现自我的自信力。

我国地域辽阔，民族众多，各个区域的生活习俗各有不同，正是由于民族的信仰、生活环境的不同，造就了不同的文化背景、风土人情和建筑形式。这就将我国幅员辽阔，民族文化丰富的特点充分表现了出来。通过低碳体育旅游这个纽带，能够将每个地区、每个城市和每个民族有机联系起来，通过旅游的形式加强沟通和交流，不同的生活习俗和文化融合在一起碰撞出新的火花，对各民族、各地区文化的发展会起到积极的促进作用。

（三）有效发展节能环保，促进旅游业长远发展

作为综合性服务产业，低碳体育旅游的发展是以体育资源为前提的。作为一种新兴的旅游方式，低碳体育旅游的新，主要体现在"低碳"上，可以说，发展低碳体育旅游是在实际行动来践行节能环保和在旅游中保护生态环境的宗旨下，通过旅游的形式，来培养大众节能环保、节能减排的环保意识的。

除此之外，在旅游管理方面也要采取有效措施来进一步加强，比如，相关旅游开发单位企业可以开展与专业院校的合作，两者将自身的优势充分发挥出来，从而共同将低碳环保的专业体育旅游管理人员的培养与培训工作做好，进而达到有效提升低碳体育旅游的管理力度的目的。除此之外，国家相关部门也要将自身在这方面的职能充分发挥出来。首先，要做好相关的宣传工作，由此来使广大人民群众绿色低碳环保意识得到有效提升；同时，还要通过相关制度、政策的制定与实施，来提高人民群众保护生态环境的意识，倡导群众在旅游中进行节能减排，从而使低碳体育旅游的长远发展得到保证。

（四）低碳经济是我国体育旅游产业发展的必然趋势

从低碳经济这一新的视角来看，我国的体育产业在产业结构和生态环境等方面仍然是非常不理想的，并且与国际低碳发展目标是相悖的。在这样的情况下，全国强大的消费市场和全面的地

第七章 低碳体育旅游的理论基础与发展研究

域环境为体育旅游产业提供了坚实的基础。随着世界低碳化战略的统一,在体育旅游产业方面实现低碳战略也成为当前我国体育产业发展的焦点所在。[1]

二、我国低碳体育旅游产业的发展现状

(一)总体发展速度缓慢

相较于其他低碳行业来说,低碳体育旅游产业的发展速度较为缓慢,低碳体育旅游的理念不够全面。旅游产业本身就是无烟工业,但旅游产业作为服务行业,实际上也存在着一定的耗能,比如,车辆的使用、景区资源的占用等,而这一部分恰恰是国家还没有重视到的。

(二)没有充分利用低碳体育旅游资源

低碳体育旅游过程中,体育文化产业是体育旅游的核心。部分地区和城市没有充分利用该地的风景、文化背景和体育旅游资源,依旧保持着传统的旅游方式,没有将该景区的文化特色突出出来。

(三)没有形成总体运营模式

低碳体育旅游的群众基础比较好,但是,其在总体运营上还没有形成有效的模式。低碳体育旅游有着广泛的爱好者,尤其是民间低碳体育旅游的爱好者众多,经常自发性地参与到其中,比如较为普遍的西藏骑行。但是,正是由于总体运营模式的欠缺,再加上低碳体育旅游产业的收益率较低,难以吸引商家关注。[2]所以针对低碳体育旅游产业的总体运营模式还没有形成,长远的

---

[1] 蔡卿.试论低碳经济视角下体育旅游产业的发展方向[J].经济研究导刊,2017(29).
[2] 李爱臣.分析我国低碳体育旅游发展的走向[J].旅游纵览(下半月),2015(11).

发展更是无从谈起了。

(四)低碳体育旅游宣传力度不够

一直以来,游客们在进行旅游地选择时,往往都是选择知名度较高的地方,这些地方往往也是宣传力度比较大的景区,知道的人越多,吸引前来参观的游客就越多。当前很多景区尽管有着良好的发展资源和潜力,但是,由于前期宣传的力度不够,最后导致景区对游客没有吸引力。比如,采用的宣传方式较为传统,没有借助新兴的主流媒体,宣传的范围较小;宣传方式简单,没有系统化、有计划的宣传体系;宣传观念落后,前期宣传投入资金少,资金支持不够,宣传不够全面,支离破碎等。

(五)政府扶持力度不够

政府的扶持,是低碳体育旅游产业发展不可或缺的重要助推力,这对于商业化的自觉涌入率的提高也是有所助益的。所以想要改善我国低碳体育旅游产业的发展现状,政府的扶植力度要进一步加大。

(六)对低碳体育旅游产业的资金投入被忽视

当前,仍然通过传统的运行模式来发展的旅游业大有所在,并且对政府的引导非常依赖,发展的主要方式为市场运营和社会群众参与,如此一来,体育旅游的资金投入往往就会被自动忽视。

由于资金意识的浅薄,导致很多资源都不能够有效地发挥它最大的社会价值。[①]旅游景区的相关体育休闲娱乐设施已经出现陈旧的现象,无法使其服务的安全性得到保证。

---

① 朱冠铮.低碳经济视角下体育旅游产业发展研究[J].经济研究导刊,2017(35).

（七）专业管理人才欠缺

一个行业或者一个产业想要得到发展都与高级管理人才的专业性以及后备人才的储备有着不可分割的密切联系。但是从当前的形势来看，无论是体育产业，还是旅游产业，都与低碳体育旅游产业的管理是不相适应的。管理人才的不足，会制约甚至阻碍产业发展。想要从根本上改变这种现状，重中之重就是要制订强有力的人才培养计划，并加以实施。

三、我国低碳体育旅游产业的发展策略

（一）遵循绿色、循环、低碳的产业发展之道

实现可持续发展，是低碳体育旅游发展的最终目的所在，这也是体育旅游产业发展应走绿色、循环和低碳的可持续化的道路的决定性因素。具体来说，要以"绿色、循环、低碳"为核心发展理念来对低碳体育旅游进行发展，从观念上提高环保、节能认识，并将其贯彻到行动上，从而使因盲目发展造成资源破坏与浪费的情况得到有效避免，探索全新的发展空间。

（二）科学发展，有效开发旅游资源

通过适当的方式来积极改造旅游资源及其所在地，使其旅游环境更具强大的吸引力，这不仅将旅游资源的吸引力充分发挥出来，还能使相关技术得到改善，水平不断提升。这一过程就是所谓的旅游资源开发。

旅游资源的开发并不是随意而为的，必须准确且充分把握旅游资源本身的深层次认识和内涵。尽管中国旅游资源非常丰富，但是，这并不意味着可以任意开发，是需要经过不断的考察、反复论证、精心策划才能进行的，同时，还要与当地风土人情相结合，

充分体现出地方特色,这样,才能开发出具有最高的价值体现的旅游产品。

(三)建设低碳体育旅游发展的完整机制

低碳体育旅游的发展不是随意和无条件的,其离不开政策、资金等多方面的支持,加强相关产业和部门之间的衔接,才能有效推动整个体育旅游产业链的健康发展。

要将低碳体育旅游发展的完整机制建立起来,可以从以下两个方面着手:

一方面,不能将低碳体育旅游产业的发展作为单独的事情,这样不利于其发展,正确的做法应该是将其纳入国家整体节能减排的目标中去,对产业链的发展进行统一的规划,将国家的相关财政、资源政策支持充分利用起来。与此同时,体育旅游的各政府管理部门应该统一规划覆盖多产业发展的整个体育旅游产业链的整体生态发展,并以此为依托对低碳体育旅游的节能减排、环境保护等方面做好全面的统筹规划。[①]

另一方面,政府部门要拿出部分专项资金用于低碳体育旅游的发展,没有国家的资金支持,低碳体育旅游的推进是很难实现的。体育旅游产业链内部的各企业也应该增强联合互动,创建共享平台,发展绿色消费。如此一来,就能使整个体育旅游产业的发展效果大大加强。

(四)完善低碳体育旅游的绿色运营模式

第一,低碳体育旅游倡导转变传统旅游出行模式,鼓励游客少乘坐或不乘坐碳排放量多的交通工具,而尽可能采用低碳或无碳方式出游。

第二,对于体育旅游产业来说,其也要从自身出发,强化清洁、节约、舒适、方便的旅游服务功能,有效提升低碳体育旅游文

---

① 李雪玮.浅谈低碳体育旅游的发展意义[J].体育科技文献通报,2018,26(08).

化的品牌性。

第三,要进一步加强体育旅游的智能化发展,并且将这作为重点发展方向,由此,能使其运行效率得到有效提升,同时及时全面引进节能减排技术,降低碳消耗,从而保证低碳体育旅游全产业链的循环经济模式的顺利形成。

第四,体育旅游产业要将相应的奖惩制度建立起来,并且加大低碳体育旅游的宣传和教育力度,倡导游客低碳体育旅游理念,提高旅游者文明健康的低碳旅游消费意识和修养,促使体育旅游者将低碳体育旅游视为一种义务和自觉的行为规范。[①]

(五)树立科学发展观,给予低碳体育旅游以政策支持

近年来,经济发展飞速,体育旅游业在旅游业中已极具活力和发展潜力,而低碳体育旅游的发展空间也是非常广阔的。但是同时,其也面临着较大的阻力,比如,游客低碳理念低、发展资金短缺、人才匮乏、政策缺乏等。

当前的当务之急,是要抓住全国产业结构调整和旅游消费转型升级的历史机遇,在相关政府部门的指导下,将加快发展低碳体育旅游的相关政策制定出来,并不断进行完善,借助于政策的导向和杠杆作用,来对低碳体育旅游业的快速健康发展提供助推力。

(六)加大前期宣传力度,创新旅游模式

作为一种新兴的旅游形式,低碳体育旅游具有重要的社会价值和意义,但是,由于旅游者在意识方面的欠缺,导致他们对低碳体育旅游的接受程度不高,这就需要在逐渐引导他们建立良好的意识形态的同时,加大宣传的力度和范围,吸引更多的体育爱好者和环保主义者参与到低碳体育旅游中来。同时,在宣传过程中积极倡导游客们通过低碳的形式进行旅游,比如现在比较流行的徒步、自行车等。

---

① 宋耕宇.我国低碳体育旅游发展的研究[J].旅游纵览(下半月),2015(08).

（七）重视低碳体育旅游领域专业人才的培养

人才的竞争，才是竞争的核心所在。因此，对于低碳体育旅游来说，专业人才的培养，是重中之重，会对经营管理水平与服务质量产生决定性影响。

在体育旅游向低碳体育旅游转型过程中，只有极少数的人能真正懂得低碳体育旅游经营管理，这就阻碍了低碳体育旅游的持续性发展。为此，国家体育总局和国家旅游局鼓励和支持全国的体育院校和旅游院校设置体育旅游专业，实施体育旅游学历教育，并支持旅游企业和体育院校、旅游院校优势互补、合作办学、联合培训等。尽快建立一支有技术、懂经营、懂环保的低碳体育旅游人才队伍。[①]

第五节 我国低碳体育旅游的未来发展走向

一、我国低碳体育旅游的发展前景

（一）低碳体育旅游是促进经济的新生产业

现阶段，环境污染成为世界范围内讨论的重要课题，这对于我国来说也不例外。针对环境污染，国家召开了各种会议，在会议上进行了相关的讨论，并且切实提出了相应的解决措施，以达到最佳保护环境的目的。随着环境污染、资源过度开发，生态系统破坏的现象越来越普遍、越来越严重，在这样的情况下，当务之急就是要做到节能减排。此时，低碳环保一词再次跃入大众视野，这里所说的低碳包含了各方面的节能减排。

---

① 张玉华.经济转型背景下低碳体育旅游发展的策略探骊[J].经济研究导刊，2013（21）.

第七章　低碳体育旅游的理论基础与发展研究

目前,传统的低层次观走看型旅游已经无法使大众的需求得到满足了,越来越多的人开始寻求新的旅行方式,体育旅游也因此而受到大众的青睐。体育旅游的参与性和互动性,是传统的旅游所无法企及的,也是当前人们所追求的重要方面。体育旅游作为新型的旅游方式,已经成为当今旅游业的朝阳产业。当前,市面上的体育旅游与真正意义的体育旅游之间并不是等同的关系,专业的体育旅游公司和体育旅游人才的社会化发展还有着非常大的发展空间。

(二)低碳体育旅游业符合社会经济发展路线

近年来,我国对旅游业发展的重视尤为明显,并且陆续出台了一些相关的政策和法规为其发展保驾护航。在2016年"十三五"规划中,低碳经济和生态发展作为重点内容进行了阐述。规划明确要求,协调推进,绿色发展,开放合作,共享共建。低碳体育旅游业作为新兴的旅游方式,不仅是旅游产业发展中的新生力量,也是传统旅游业深化改革的新起点,更是可持续经济发展的必然要求。[①]

二、我国低碳体育旅游未来发展趋势

(一)促使人们的环保意识越来越强烈

从阶段的发展来说,低碳旅游的理念已经在普通群众的思想之中得到了深入发展,低碳旅游有着非常广阔的市场前景与旅游基础。随着国家对生态保护和环境保护的重视程度不断加大,环保已经成为近段时期和未来很长一段时间内都要关注的方面,进一步促使人们的环保意识越来越强。

---

① 李雪玮.浅谈低碳体育旅游的发展意义[J].体育科技文献通报,2018,26(08).

(二)运营模式更加完善、绿色

低碳体育旅游的运营模式,在很大程度上影响着整个体育旅游产业链的发展。目前,低碳体育旅游产业仅仅依靠民间的群众基础,是不可能得到进一步发展的,正确的做法是建立起全面的绿色运营模式,以及体育旅游的相关产业,与此同时,还要进行有效沟通,共同运作,最终从全方位上对产业链上各个企业的互助合作机制起到积极的推动作用,形成联合发展的态势。用一个产业的带动促进整个产业链的优化升级。因此,低碳体育旅游运动模式的逐步完善和趋于绿色是其发展的一个重要趋势。

(三)专业管理人才培养受到的重视程度不断提升

专业人才的培养情况,在很大程度上决定着低碳体育旅游的发展状况。因此,培养专业管理人才将成为现阶段的重中之重。具体来说,就是要在各个高校,体育专业与旅游专业建立交叉学科,进行合作教学,培养适应市场的高级管理人才,同时各个旅行社也可以根据自身的运营状况,选取精英,进行相关知识的培训,提高管理人才的基本素质,也对后备人才的储备计划起到积极的促进作用。

参考文献

[1] 柳伯力. 体育旅游概论 [M]. 北京：人民体育出版社，2013.

[2] 陶宇平. 体育旅游学概论 [M]. 北京：人民体育出版社，2012.

[3] 吴国清. 旅游资源开发与管理 [M]. 上海：上海人民出版社，2010.

[4] 曹可强，席玉宝. 体育产业经营管理 [M]. 北京：高等教育出版社，2017.

[5] 于素梅. 中国体育旅游研究 [M]. 北京：中国水利水电出版社，2006.

[6] 沈永金. 户外运动 [M]. 昆明：云南大学出版社，2013.

[7] 余亮. 高校户外拓展运动教学与实践研究 [M]. 北京：中国水利水电出版社，2014.

[8] 孟刚. 户外运动 [M]. 北京：北京师范大学出版社，2008.

[9] 张建新，牛小洪. 户外运动宝典 [M]. 武汉：湖北科学技术出版社，2008.

[10] 董立. 大学生户外运动 [M]. 成都：西南交通大学出版社，2010.

[11] 唐亮. 水上运动技巧 [M]. 北京：中国社会出版社，2008.

[12] 温贺宝，陈建华，蓝怡. 水上运动竞技与休闲 [M]. 哈尔滨：哈尔滨地图出版社，2009.

[13] 曲小锋，罗平，白永恒. 民族传统体育研究 [M]. 北京：中国商务出版社，2007.

[14] 北京市民族传统体育协会，北京体育大学. 民族传统体

育100例[M].北京：北京体育大学出版社,2006.

[15] 戴福祥.怎样打高尔夫球[M].苏州：苏州大学出版社,2006.

[16] 袁运平,凌奕.高尔夫球运动手册[M].北京：人民体育出版社,2001.

[17] 逯明智.高山滑雪[M].沈阳：东北大学出版社,2011.

[18] 贺慨.滑雪[M].北京：北京体育大学出版社,2010.

[19] 王石安.雪上运动[M].北京：人民体育出版社,2011.

[20] 全国体育院校教材委员会.冰雪运动[M].北京：人民体育出版社,2004.

[21] 朱艳,何明.大学生生态文明观念培养现状与路径分析[J].哈尔滨职业技术学院学报,2018（06）.

[22] 刘春元,杨雪.新时代视野下大学生生态文明教育研究[J].商业经济,2018（11）.

[23] 张婷.我国低碳体育旅游发展的现状[J].经济研究导刊,2017（22）.

[24] 白曼利,杨江林.我国低碳体育旅游发展趋势研究[J].才智,2015（33）.

[25] 李爱臣.分析我国低碳体育旅游发展的走向[J].旅游纵览（下半月）,2015（11）.

[26] 宋耕宇.我国低碳体育旅游发展的研究[J].旅游纵览（下半月）,2015（08）.

[27] 张玉华.经济转型背景下低碳体育旅游发展的策略探骊[J].经济研究导刊,2013（21）.

[28] 李雪玮.浅谈低碳体育旅游的发展意义[J].体育科技文献通报,2018,26（08）.

[29] 廖春海.我国低碳体育旅游发展的走向[J].体育学刊,2011,18（04）.

[30] 蔡卿.试论低碳经济视角下体育旅游产业的发展方向[J].经济研究导刊,2017（29）.

参考文献

[31] 朱冠铮. 低碳经济视角下体育旅游产业发展研究[J]. 经济研究导刊, 2017（35）.

[32] 李林朱. 基于低碳经济视角下无锡体育旅游产业发展研究[J]. 体育科技, 2018, 39（01）.

[33] 汪希. 中国特色社会主义生态文明建设的实践研究[D]. 电子科技大学, 2016.

[34] 李艳芳. 习近平生态文明建设思想研究[D]. 大连海事大学, 2018.

[35] 唐雄. 中国特色社会主义生态文明建设研究[D]. 华中师范大学, 2018.